大数据
法律监督
与类案治理

DASHUJU FALÜ JIANDU
YU LEIAN ZHILI

叶伟忠　主编

中国检察出版社

图书在版编目（CIP）数据

大数据法律监督与类案治理 / 叶伟忠主编 . -- 北京：
中国检察出版社，2024.5

ISBN 978-7-5102-3067-7

Ⅰ.①大… Ⅱ.①叶… Ⅲ.①数据管理—法律监督—
案例—中国 Ⅳ.① D926.4

中国国家版本馆 CIP 数据核字（2024）第 080538 号

大数据法律监督与类案治理

叶伟忠　主编

责任编辑： 王伟雪
技术编辑： 王英英
封面设计： 天之赋设计室

出版发行： 中国检察出版社
社　　址： 北京市石景山区香山南路 109 号（100144）
网　　址： 中国检察出版社（www.zgjccbs.com）
编辑电话：（010）86423797
发行电话：（010）86423726　86423727　86423728
　　　　　　（010）86423730　86423732
经　　销： 新华书店
印　　刷： 北京联合互通彩色印刷有限公司
开　　本： 710 mm×960 mm　16 开
印　　张： 17
字　　数： 216 千字
版　　次： 2024 年 5 月第一版　　2024 年 5 月第一次印刷
书　　号： ISBN 978 - 7 - 5102 - 3067 - 7
定　　价： 66.00 元

序　言

　　数字化时代，未来已来，数字检察的路径选择绝非偶然。

　　习近平同志在浙江工作期间，就曾全面阐释了"数字浙江"的构想。党的二十大报告深刻指出，要加快建设数字中国。通过大数据、云计算、人工智能等手段，像杭州这样的大城市也可以变得更"聪明"，实现从信息化、智能化到智慧化的三步大跨越。2022年11月2日，杭州市第十四届人民代表大会常务委员会第五次会议表决通过了《关于推进数字检察加强新时代法律监督工作的决定》。该决定在总结过去杭州检察机关丰富的数字实践基础上，进一步推进新时代检察机关的法律监督工作，全力打造法律监督最有力示范省份的数字检察"杭州范例"。近年来，数字赋能监督，监督促进治理的数字检察，持续在杭州落地、生根、发芽、成长，已经到了瓜熟蒂落之时，正成为驱动新时代检察工作提能升级、履行宪法赋予检察机关历史使命，进而以检察工作现代化服务中国式现代化的重要抓手。

　　加强数字检察工作，有效提升检察机关办案监督质效。长期以来，检察机关采用传统的案件受理、审查方式，通过孤立的信息发现单个的法律监督线索，形成单一的业务案件，一些深层次、宽领域的问题发现还不够及时、不够主动，导致检察机关法律监督职能的发挥还不够充分。为提高法律监督质效，杭州检察机关着力运用大数据手段发现、筛查、比对各类信息线索，形成了"党组管总、团队主战、部门主建"的检察工作格局，有效提升了杭州检察机关的办案质效。2022年，杭州市人民检察院率先成为全国首批4个大数据法律监督创新实践基地之一，不断领跑数字监督赛道，打通数据壁垒，开展专项监督，办理刑事、民事、行政、公益诉讼"四大检察"案件800余件，其中不少案件融合了调查、审查、侦查等多种手段，取得了更加深入的成果。其中，1个模型获评2023年全国检察机关大数据法律监督模型竞赛一等奖、2个模型获评二等奖，2起案件被收入《数字检察办案实务指引》，15项场景被列入省委"数字法治系统一本账"，3项场景获评全省"数字法治好应用"，2家基层院获评全省数字检察示范院。杭州检察机关申报并承担了国家区块链创新应用项目"区块链+检察"特色领域试点，通过区块链充当"电子见证人"，证明电子数据的可验证性，确保取证活动的合法、真实、有效。区块链取证设备投入使用以来，被用于现场取证4000余次，在建筑工地扬尘专项执法监督、保护英烈名誉网络公益诉讼等领域发挥了重要作用，更为全省、全国构建"检察大脑"提供了丰富的实践经验。

加强数字检察工作，促进检察机关科学精细管理。打铁还需自身硬。数字检察不仅是提升检察监督质效的"倍增器"，也是推动检察机关实现自身管理方法和管理能力现代化的"放大镜"。近年来，杭州检察机关依托"政法一体化"办案系统，加强智慧案管建设，实现了案件网上流转、案卷文书网上传送、羁押人员网上换押，在提升检察机关自身规范化建设的同时，也实现了办案数据的自动监控、流程分析和绩效考核，打造"案件流程监控、案件质量评查、案件数据监管"一体化并行机制。杭州检察机关通过区块链技术还原各类文书日志类历史操作，可以将干预过问司法办案等重大事项填报、外部人员参与公开听证与企业合规情况、律师代理情况动态监测等数据融合分析，倒逼机关内部监督办案质量、效率、效果有机统一的精密管控体系形成，维护司法公正。

加强数字检察工作，全面推动检察机关融入社会治理。习近平总书记强调，要"坚持在法治轨道上推进国家治理体系和治理能力现代化"。在信息时代的数字之城、电商之都，大数据法律监督迭代重塑了杭州检察机关"个案办理—类案监督—系统治理"的工作体系、工作方法和手段工具。2020年以来，杭州检察机关研发推广"非羁码"数字监控系统，审前羁押总数和审前羁押率与应用前相比显著下降，解决了非羁押人员在外管控治理的痛点，被评为全省改革创新最佳实践案例。杭州检察机关不仅通过大数据发现案件线索，更是通过大数据走出了一条深度参与市域社会治理的新路径。数字检察工作让办案工作换了思路、插上了翅膀，以类案监督推动深层次问题诉源治理。在数字化时代，无论是以卫星遥感的方式进行数据比对的国土资源保护模型，还是从骗取养老金等个案发现从而不断成熟的国家各类社保基金管理模型，抑或从"电竞酒店"管理漏洞发现并设置模型比对的涉未成年人特定行业准入模型，无一不是杭州检察人员由点及面构建大数据法律监督模型，以"小切口"撬动"大治理"的数字检察新模式，为检察工作现代化全面跃升注入强劲动能。

习近平总书记指出，"当今时代，数字技术、数字经济是世界科技革命和产业变革的先机，是新一轮国际竞争重点领域，我们一定要抓住先机、抢占未来发展制高点"。在检察工作现代化这一制高点上，大数据法律监督打破了案件与案件之间的"樊篱"，填平了区域与区域之间的"鸿沟"，从而形成了"一子落而满盘活"的类案监督促推社会治理新场域。在新时代、新赛道上，杭州检察机关用"数字化"重塑监督模式，不断发现、打通迈向"两个先行"进程中的漏点、难点和堵点，推动检察数字监督与市域数字治理集约融合，让"数字检察"反哺"数字之城"，为杭州加快建设世界一流的社会主义现代化国际大都市，为实现中国式现代化贡献新的检察力量。

在浙江大学光华法学院和杭州市人民检察院深度开展检校合作过程中，我们有幸参与并见证了杭州检察机关数字检察的探索与成效。我们也期待本书所呈现的大数据法律监督与类案治理的典型案例，可以为数字检察的实践提供指导，同时也为数字法治的理论研究提供实践源泉。

是为序。

浙江大学光华法学院院长、教授、博士生导师
中国刑事诉讼法学研究会副会长
胡铭
2024 年 1 月

目　录

国土领域非法占地类案监督

检察机关通过打通"林田耕"三张图数据，运用卫星遥感智能视觉识别技术，构建多类型的国土领域监督模型，提升主动发现土地领域违法问题线索的能力；通过构建研判、协同、查询三大平台，实现线索发现、调查取证、跟进监督全流程数字化办理；通过个案切入、融合监督实现案件办理最大质效；同时以点带面、专项监督，以类案办理推动社会治理。

粮食生产功能区"非粮化"行政公益诉讼类案监督

"非粮化"指粮食生产功能区被其他用途挤占，不仅严重破坏优良耕地资源，更会影响国家粮食安全。囿于粮食生产功能区点多面广、单体面积大、四至边界不明等原因，传统监督路径存在公益诉讼线索发现难、大规模野外人力调查难、现场勘查坐标查找难、问题点位坐落位置确认难等"四难"问题。检察机关借助政务云、卫星遥感、导航 App 卫星图层识别、无人机 GPS 定位识别等多种数字化手段，克服以往因专业领域劣势需借助行政机关力量开展调查的办案短板，独立完成从线索发掘到成案的全链条工作，督促相关单位对"非粮化"问题开展整治优化，做到农地农用、粮地粮用。

耕地占用税征收行政公益诉讼类案监督

"穿透式"解析非法占地行政处罚个案,提取非法占地起止期限、面积、主体等数据要素,发现批量未经批准占用耕地而遗漏征收耕地占用税的线索。通过审查个案,对规划和自然资源、农业、林业等部门及当事人调查核实,以点拓面督促税务部门依法追缴税款,牵头出台协作配合机制,推动对非法占地、耕地占用税征收的联动整治、长效常治。

督促保护富春江流域水环境行政公益诉讼类案监督

检察机关聚焦水环境保护依法能动履职,以个案办理为切口,总结提炼非法排水、非法取水、饮用水源地破坏等涉水领域违法行为特点,运用数字检察思维,搭建监督场景,归集各类数据,碰撞生成批量类案线索,并以检察建议、圆桌会议、现场会、听证会等形式推动部门联动,建立健全水环境保护长效机制,促进综合治理,提升保护质效。

小水电站超许可取水整治类案监督

小水电站超许可取水不仅影响人民群众正常生产生活,而且会破坏生态环境。检察机关通过调取分析小水电站近年上网发电量、取水许可证许可取水量、单位电量需水量等数据,将实际用水量与许可用水量进行对比,排查出存在超许可用水的水电站。向水利部门制发行政公益诉讼诉前检察建议,要求其依法履行职责,形成千岛湖生态环境保护合力。

网约车监管缺位类案监督

检察机关针对个案办理中发现的网约车司机通过虚增里程实施诈骗的问题线索,及时解构监督要素,建立数字监督模型。以"外接定位修改设备"购买信息、网约车司机注册信息、时速异常订单等为关键要素,通过数据比对碰撞,拓展类案监督线索。针对监督中发现的行业治理乱象,撰写情况反映,推动行业专项治理,出台长效工作机制。针对履职中发现的侵害社会公益现象,注重一体履

特种作业领域行刑共治融合监督

检察机关立足本地实际，开创性探索特种作业领域规范化治理、数字化监督路径，发现多个监督线索，在刑事、公益诉讼等领域有效成案。将监督范围从一地扩大到全市后，又与应急管理部门建立特种作业领域综合治理常态化协作，推动职能部门开展专项整治行动，努力从源头化解生产安全风险，取得监督治理实效。

特定行业准入类案监督

从业限制有助于维护公平竞争的市场秩序，依法保障特殊群体合法权益。检察机关深化创新能动履职，依托"四大检察"融合监督，全面归集法律法规中的行业准入禁止性、限制性规定，精准发现多个行业准入监管漏洞。通过数据归集、碰撞、筛查，以数字赋能类案监督，推动职能部门加强行业准入监管，并点面结合建立长效机制，促进社会治理。

医疗美容行业违规经营类案监督

针对医疗美容店铺违规经营导致不特定消费者合法权益受损的问题，检察机关在运用常规办案手段和模式的同时，通过解析医美违法个案，构建数字监督模型。重点围绕机构及从业人员资质、医疗器械使用、医疗广告发布等关键问题，深入开展监督，督促多部门综合整治医美行业共性问题。通过数据分析、碰撞，发现医疗美容行业监管漏洞，强化行业监管，维护市场秩序，保障人民群众切身利益。

消防领域中介组织类案监督

立足刑事、行政检察职能，聚焦公共安全、护航亚运等中心工作，以消防中介组织为切入点，按照"业务主导、数据整合、技术支撑、重在应用"的要求，通过大数据赋能，实现从个案办理到类案突破和系统治理，为法律监督提质增效，以检察工作现代化服务保障社会治理现代化。

油漆类危化品违规经营仓储类案监督

危险化学品具有高度危险性和较大破坏性，故其经营全流程都需要相应的行政许可或者登记。完整的行政记录，为检察机关利用大数据碰撞进行违法犯罪线索排查提供了可能。通过构建跨部门数字化协作场景，打通多部门全链条的危化品监管数据共享渠道，精准发现违规仓储油漆类案监督线索。在办案基础上，会同相关职能部门出台刑行衔接行业治理协作机制，有力提升数字赋能安全生产质效。

产废企业未依法处置危险废物类案监督

针对产废企业在贮存、管理、转移危险废物中存在的行政监管混乱、违规处置危废物等普遍性问题，检察机关通过搭建数字模型，设定异常数据智能化预测预警，将线索分类移送职能部门，跟踪监督线索处置情况，实现检察融合履职。坚持监管与服务并重，通过分类施治、合规建设，生动实践预防性公益诉讼，助力涉危废行业营商环境优化提升。主导构建多元主体参与的市域内危废领域长效监管机制，全面提升环境风险防控能力，以高质量生态环境保障经济社会高质量发展。

涉"空壳公司"类案监督

空壳公司是指已经注册成立，但没有实际经营业务的公司，因具有隐蔽性，空壳公司已成为多种高发犯罪的工具。检察机关依法能动履职，解析涉空壳公司刑事犯罪个案，提炼空壳公司类违法犯罪特征要素，构建数字监督模型，深挖空壳公司法律监督类案线索。透过案件发现深层次问题，通过深化"检行共治"，推动跨部门高效协同数字化治理，促进诉源治理。检察机关在办案中充分发挥检察一体化办案机制优势，上下一体联动、内部职能融合，实现检察资源配置最优化，有力提升检察监督质效。

违规超重车辆虚假检测类案监督

检察机关从交通肇事案中发现机动车检测站非法提供虚假机动车安全技术检验报告的行业性问题。通过个案证据分析和大数据筛查违规车辆，从而挖掘背后涉嫌提供虚假证明文件的类案线索，融合刑事、公益诉讼履职，深挖职务犯罪线索，促进车辆管理行业深度治理。

医保空刷诈骗类案监督

检察机关聚焦医保领域空刷诈骗行为，总结犯罪特征，从海量医保结算数据中重点筛选结算金额、结算频率、对应病种等要素，建立医保空刷诈骗类案数字监督模型。通过数字化手段、智能化筛选涉嫌空刷诈骗的医药机构及空刷金额，实现纠正遗漏罪行，追加涉案金额，并携手职能部门追回医保损失基金，切实守住人民群众"救命钱"。

涉社保终本执行类案监督

长期以来，执行难不仅成为困扰人民法院的突出问题，也成为人民群众反映强烈、社会各界极为关注的热点问题。检察机关聚焦被执行人财产线索发现难这一关键症结，从退休金强制执行破题，创新运用大数据法律监督，为人民法院在民事执行活动中查控被执行人财产提供全新思路与方向。通过检察监督办案打通部门信息壁垒，充分运用数字技术和数据要素推进跨部门大数据协同办案，建构起"解析个案、梳理要素、构建模型、类案治理、融合监督"的"建德路径"。

工程建设招投标违法行为类案监督

工程建设招投标活动是保证工程质量的重要环节，关乎人民生命、财产安全和城市营商环境。检察机关在履职中发现，该领域存在串通投标、出借资质和评标专家违规评标等行业监管问题，极易滋生腐败现象，同时造成工程质量隐患，扰乱市场秩序。检察机关通过与行政机关联合搭建数字共治监督模型，在数据、人员、机制等层面加强协作，推动形成行刑有序衔接、部门联动治理的局面，全面堵塞监管漏洞。检察机关充分发挥一体化办案优势，挖掘深层次问题，加强与党委政府以及政法委等监督主体的协作配合，以依法能动履职助力行业正本清源。

建设工程领域农民工工资专户运行监管行政违法行为类案监督

为防范农民工欠薪问题，检察机关以"大综合一体化"行政执法改革为契机，全面深化行政检察监督，通过检察建议督促职能部门履行对工程建设领域农民工工资专用账户的过程性监管职责。通过检察大数据战略的落地实践，推动个案监督向类案监督迭代迈进。构建跨部门协作机制，实现行业治理与社会治理的路径重塑。

侵害未成年人犯罪类案监督

检察机关在案件办理中发现，部分未成年人因性侵、虐待等原因就医时，部分医生未严格按照规定上报，从而导致案发不及时、取证困难、犯罪行为持续等后果。为落实强制报告制度，检察机关与卫健部门建立未成年人就诊数据一键调取平台，构建医疗系统强制报告数字模式，对分析研判出的异常线索开展刑事、民事、行政检察融合式法律监督，并联合涉未相关部门共护未成年人合法权益。

流动人口随迁子女权益保护综合履职

流动人口随迁子女基于跨区域、跨部门的多头监管漏洞，发生辍学概率相对较高，长期失管被边缘化并成为犯罪、遭受侵害的易感群体，进而引发社会风险。检察机关贯彻最有利于未成年人原则，通过个案办理发现类案规律，依托大数据法律建模及辅助技术手段应用，以控辍保学为切入点，实现权益受损随迁子女的精准排查、保护全覆盖，灵活运用听证、磋商等方式，凝聚职能部门合力，探索有效治理路径，并构建多跨协同数字场景贯穿信息共享、线索流转、后端治理，在未检综合履职过程中实现法律监督质效的最大化，找到社会治理的最优解。

涉未成年人网约房业态治理融合监督

在共享经济蓬勃发展下而催生的"网约房"，是通过网上提供房源、网上签订交易，以短租、日租存在的出租房模式（常见如公寓、民宿、客栈、酒店等）。近年来，"网约房"产业发展迅猛，已逐渐成为一类较为普遍的住宿业态，深受广大青少年尤其是未成年人的欢迎。但"网约房"业态存在大量风险隐患和治安管理问题，呈现粗放发展趋势。检察机关总结"小切口个案"，关注"网约房"未纳管信息、未成年人异常入住信息以及电竞网约房提供上网服务信息，运用数字办案手段开展"四大检察"一体化履职，通过立案监督、线索移送、检察建议、支持起诉等方式实现类案监督，全面保障未成年人合法权益。聚焦社会治理的薄弱地带和难点领域，创建多跨应用场景，形成常态治理机制，推动"网约房"业态规范运营，体现了服务经济社会高质量发展的检察担当。

未成年人住宿登记融合监督

经营性住宿场所基数大、分布广泛。部分场所未严格落实未成年人入住登记的相关规定，成为未成年人沉迷网络、参与犯罪与遭受侵害的隐蔽场所。检察机关依法能动履职，搭建"智睛"未成年人住宿登记融合监督模型，深挖住宿业未履行查验登记义务、违规提供上网服务和未成年人受性侵害等"四大检察"监督线索，建立健全惩治犯罪、教育矫治、维护权益、预防犯罪一体化履职体系，携手各方力量，共同为未成年人安全健康成长营造良好环境。

诉讼主体不适格类案监督

司法实践中，部分生效裁判中的当事人在立案前或诉讼中死亡，仍被判决承担民事责任；部分涉诉公司在诉讼过程中恶意注销并隐瞒注销事实继续参与诉讼活动，导致生效裁判无法执行。对此，检察机关积极运用数字化监督思维，以数字赋能监督破解诉讼主体不适格案件困境和执行空转难题，并以点拓面打造法治化营商环境共护数字化治理场景。

司法救助类案监督

针对基层司法救助工作中潜在救助基数大、救助线索挖掘难、救扶衔接不充分等问题，检察机关依托浙江省大救助信息系统、公安机关执法办案综合运用系统和全国检察业务应用系统2.0，打通司法救助与社会救助各参与部门之间的数据壁垒，集成案源发现共享平台，搭建司法救助监督数字模型，实现救助线索由人工摸排向智能筛查，案件受理由个案申请向类案推送，救助开展由线下跑腿向线上办理"三个转变"，赋能司法救助案件高质效办理。

杭州市人民代表大会常务委员会关于推进数字检察加强新时代法律监督工作的决定

（2022 年 11 月 2 日杭州市第十四届人民代表大会常务委员会第五次会议通过）

为深入学习贯彻中国共产党第二十次全国代表大会精神，落实《中共中央关于加强新时代检察机关法律监督工作的意见》《中共浙江省委进一步加强检察机关法律监督工作的若干意见》《浙江省人民代表大会常务委员会关于进一步加强新时代检察机关法律监督工作的决定》和《中共杭州市委关于深化法律监督工作助力"重要窗口"建设的实施意见》，充分发挥数智杭州建设的先发优势，着力推进检察机关履行宪法法律赋予的监督职能，奋力推进"两个先行"在杭州的生动实践，依据相关法律法规规定，结合杭州实际，作出本决定。

一、全市检察机关要坚持以习近平新时代中国特色社会主义思想为指导，全面贯彻习近平法治思想，坚持党对检察工作的绝对领导，坚持服务党和国家工作大局，坚持以人民为中心，按照新时代检察工作的整体要求，推进数字检察建设，强化新时代法律监督工作，为杭州打造市域社会治理现代化标杆城市不断作出新贡献。

二、全市检察机关要运用数字化思维和手段，拓展监督渠道，创新监督方法，推动检察机关由数量驱动、个案为主、案卷审查的传统办案模式向质效导向、类案为主、数据赋能的新型监督模式转变，进一步做优刑事检察、做强民事检察、做实行政检察、做好公益诉讼检察、深化未成年人检察，不断提高检察机关法律监督的质量和效果，努力让人民群众在每起案件中感受到公平正义。

三、全市检察机关要进一步深化政法一体化办案体系建设，推进数字化送达、数字化归档改革试点工作，推动打通执法司法信息数据壁垒，率先实现检察机关与行政执法机关、公安机关、审判机关、刑罚执行机关、社区矫正机构等的执法司法信息共享。要加快建设检察大数据法律监督平台，进一步深化大数据技术法律监督在国土资源保护、社保基金管理、法治化营商环境优化、特定行业准入、犯罪嫌疑人非羁押强制措施适用等方面的应用，促进跨场景、跨条线协同办案，推动数字检察工作向纵深拓展。

四、全市检察机关要建立数字检察工作常态分析和专题分析研判制度，完善法律监督事项案件化办理模式，创新组织架构、工作流程和方式方法，建立健全数字检察工作制度体系。要注重数字检察工作办案需求、线索管理、案件研判和案件办理等方面的深入研究，注重总结数字检察案例，努力形成可供复制和推广的数字检察办案工作模式和理论成果。

五、全市检察机关要加强人才队伍建设，增强数字检察意识，配齐配强数字检察专业力量，加强数字检察业务培训，努力提高检察队伍的整体数字化能力和水平。

六、全市检察机关开展数字检察工作需要收集、使用数据，要在其履行法定职责的范围内依照法律、行政法规规定的条件和程序进行；对在履行职责中知悉的个人隐私、个人信息、商业秘密、涉密商务信息等数据要依法保密。

七、全市各级公安侦查机关、审判机关和司法行政机关要积极支持检察机关开展数字检察工作。要配合检察机关建立健全数字检察工作联席会议制度，定期研究数字检察工作，协调工作举措。注重加强数据协同配合，在检察机关依法调取业务信息、数据、材料并进行调查核实时，要及时提供，积极配合，并确保数据等相关证据材料的真实和完整。

八、全市各级人民政府及其职能部门要积极配合检察机关开展数字检察工作，与检察机关建立健全沟通协作机制，实时共享行政执法等各类数据和业务信息，不断健全行政执法和刑事司法衔接机制。认真办理检察建议并及时反馈。

九、全市各级人民政府要加强对检察机关法律监督工作的支持保障，为检察机关开展数字检察工作提供必要的经费。

十、全市各级人民代表大会及其常务委员会要通过听取和审议检察机关工作报告、专项工作报告以及开展法律实施情况检查、询问、质询、特定问题调查等方式，监督和支持检察机关依法履行职责。人大专门委员会、常委会工作委员会、办事机构和检察机关之间要加强联系和配合，不断完善人大监督与检察监督的衔接机制。检察机关要将数字检察工作情况纳入每年向人民代表大会报告的内容。

国土领域非法占地类案监督

杭州市人民检察院

检察官运用无人机对毁林情况较为严重的茶园进行实地踏勘、调查取证

关键词

生态环境　耕地保护　卫星遥感　社会共治

要旨

检察机关通过打通"林田耕"三张图数据，运用卫星遥感智能视觉识别技术，构建多类型的国土领域监督模型，提升主动发现土地领域违法问题线索的能力；通过构建研判、协同、查询三大平台，实现线索发现、调查取证、跟进监督全流程数字化办理；通过个案切入、融合监督实现案件办理最大质效；同时以点带面、专项监督，以类案办理推动社会治理。

基本情况

杭州某基层院在办案过程中发现临时用地超期使用，损害国家利益和社会公共利益的个案线索。杭州市人民检察院（以下简称"杭州市院"）运用卫星遥感技术，研发目标识别算法，对该案进行复现，成功实现对耕地、建筑、河流、房屋、作物等多种地物目标信息的"像元级"分类识别。通过打通"林田耕"三张图数据，叠加不同时间节点卫星遥感图，对比分析监测目标变化情况。同时，进一步碰撞行政审批数据，精准发现生态公益林和永久基本农田遭受破坏等类案线索，培塑主动发现国土领域违法问题线索的监督能力，并以检察建议助推专项治理。此外，通过和规资、农林等职能部门构建一体化监督保护机制，破解因基层技术力量有限、监管手段落后导致无法全面履职到位等问题，从而实现土地领域违法问题多维动态监管。

个案线索发现

2019 年，淳安县人民检察院（以下简称"淳安县院"）在履职中发现，某高铁建设项目沿线申请配套的临时用地，在两年使用期限届满后临时设施未完全拆除、土地未恢复原状，违反了《中华人民共和国土地管理法》第五十七条"临时使用土地期限一般不超过二年"和《中华人民共和国土地管理法实施条例》第二十条"土地使用者应当自临时用地期满之日起一年内完成土地复垦，使其达到可供利用状态，其中占用耕地的应当恢复种植条件"的规定。高铁建设具有周期长、跨区域的特点，沿线多地均具有类似情形，该案具有一定代表性。不单是临时用地，涉土地领域违法情形复杂多样，线索发现难、监管难亟待破解，有必要通过大数据开展专项监督。

📊 数据分析方法

数据来源

1.永久基本农田矢量数据、临时用地审批数据（源于规划和自然资源局）；

2.粮食功能产区矢量数据（源于农业农村局）；

3.生态公益林矢量数据（源于林业水利局）；

4.近三年卫星遥感数据（源于哨兵卫星、天地图等中高分系列影像）。

数据分析关键词

（1）通过卫星遥感技术对影像进行预处理，根据目标影像的特征，对影像目标进行识别，再通过影像变化检测，识别出"林地""耕地""建筑"等目标信息并予以标记；（2）叠加时间分析一定时间段内的图斑变化；（3）叠加"粮食功能产区""永久基本农田""生态公益林"范围信息，进一步精确锁定疑似变化图斑；（4）将疑似问题图斑碰撞行政审批数据，筛选经过合法审批的图斑信息；（5）筛查得出结果后再通过人工进一步调查排摸。

数据分析步骤

第一步：采集遥感影像数据资源，对遥感影像进行辐射定标、大气校正、投影变化等预处理。开展地物目标监测分类训练，构建恰当的地物分类标签体系，例如工程用地、耕地、建筑、河流、作物等类型，利用 ENVI 专业软件以人工标注或半自动标注方式构建样本库，并训练深度学习网络构建地物智能识别算法，实现对遥感影像自动地物分类。

第二步：构建多样化的目标监测模型，通过调用不同时期卫星地图进行叠加及自动演算，智能进行影像变化检测。目前共建立了"临时用地超期占用""守护生态公益林""守护永久基本农田"等 7 个监督模型。

第三步：叠加"永久基本农田""生态公益林""粮食功能产区"矢量数据、行政许可审批等数据，根据不同时期遥感影像对比，分析疑似问题图斑。

以"守护粮食功能产区"为例：以 2021 年为时间节点，以"粮食功能产区"矢量图斑为基础，通过卫星变化识别发现符合《浙江省人民政府办公厅关于坚决制止耕地"非农化"防止耕地"非粮化"稳定发展粮食生产的意见》（浙政办发〔2021〕6 号）中需要坚决遏制的增量违法情形。

以"临时用地监管模型"为例：以近三年变化为识别规则，叠加临时用地审批数据，发现临时用地未批先占、超期占用、未复耕复垦等违法情形。

思维导图

```
                              ┌─────────────┐          ┌──────────────────────┐
                         ┌───▶│ 永久基本     │─────────▶│ 破坏永久基本农田、耕地  │
                         │    │ 农田数据     │          │ "非农化"等违法情形      │
                         │    └─────────────┘          └──────────────────────┘
┌─────────────┐  碰撞    │    ┌─────────────┐          ┌──────────────────────┐
│ 卫星遥感     │─────────┼───▶│ 粮食功能产    │─────────▶│ 新增粮食功能区"非粮化"   │
│ 图斑数据     │         │    │ 区矢量数据    │          └──────────────────────┘
└─────────────┘         │    └─────────────┘          
                         │    ┌─────────────┐          ┌──────────────────────┐
                         └───▶│ 临时用地     │─────────▶│ 临时用地未批先占、超期占用、│
                              │ 审批数据     │          │ 未复耕复垦等违法情形      │
                              └─────────────┘          └──────────────────────┘
```

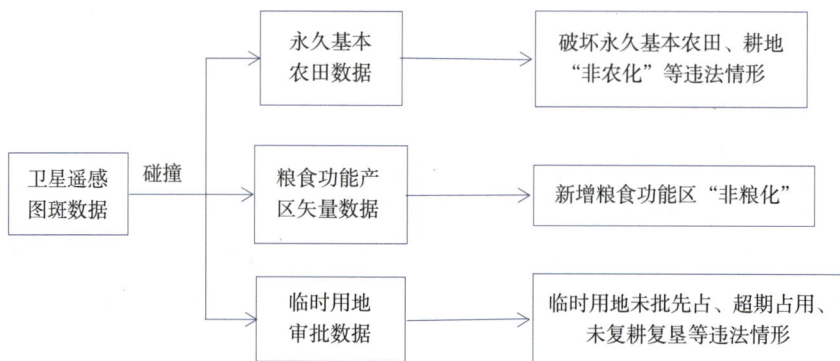

📊 检察融合监督

公益诉讼监督

截至 2023 年 5 月，全市检察机关通过"守护粮食功能产区"监督模型共发现案件线索 647 条，累计办理公益诉讼案件 13 件，推动优化调整、复耕复垦耕地万余亩；通过"守护生态公益林"监督模型共发现案件线索 321 条，办理行政公益诉讼案件 4 件，民事公益诉讼案件 5 件，涉及省级以上生态公益林 100 余亩；通过"临时用地超期占用"监督模型共发现案件线索 206 条，办理案件 13 件，推动用地整改 400 余亩。此外，各地根据本地实际，自行搭建"25 度以上坡林地垦造""渣土倾倒监督""非法采矿监督"等模型，共发现案件线索 91 条，办理案件 11 件，涉及面积近 40 亩，清运渣土 1000 余吨。

刑事检察监督

各地检察机关坚持"审查切入、调查并行、侦查托底"，善于发现和纠正深层次问题，截至 2023 年 5 月，累计刑事立案监督 10 件。西湖区人民检察院（以下简称"西湖区院"）在办理"毁林种茶"监督类案中，积极深挖"案中案"，对个别毁林情况较为严重的线索进行实地踏勘，发现多个点位可能达到刑事立案标准，已刑事立案监督7件；临平区人民检察院办理土地管理行政公益诉讼案中，发现某混凝土有限公司非法占用耕地并造成损毁，可能涉嫌非法占用农用地罪，及时向公安移送案件线索；建德市人民检察院通过数字监督模型发现建德市某矿业有限公司擅自改变林地用途、破坏林木面积较大，在督促行政机关修复的同时，向刑事检察部门移送涉嫌非法占用农用地线索。

行政检察监督

萧山区人民检察院在"守护生态公益林"模型中发现，某村村民利用林道便利和自然风光，意欲从事民宿等乡村旅游资源开发，在未获批准的情况下，擅自搭建建筑物面积近500平方米、砍伐竹林20余亩，并改变原有坡地进行削坡造景，严重破坏当地生态环境。该院以案件办理为切入点，调取20余件林地立项审批文件，针对行政主管部门因调查取证不全面、委托鉴定机构不正规而导致的行政处罚不全面情形，检察机关依法监督相应主管部门撤销行政处罚决定书1份，相关案件已移送公安机关追究刑事责任。

▮▮ 社会治理成效

一是以变革重塑打造法律监督聚合力。检察机关强化担当，协同法治监督主体，最大限度发挥聚合效应。在前期大量案件办理的基础上，由杭州市院牵头，联合市规划和自然资源局、市农业农村局、市林水局共同组建了"国土资源智护"数字化工作专班。同时，归集生态公益林、永久基本农田、粮食功能产区"三张图"矢量数据30万余条，构建"国土资源智护"数字化应用场景，2022年6月，该场景已作为全域数字法治监督体系首批应用场景上线运行。

二是以理论创新助推监督治理长效化。2022年底，在杭州市委、市政府以及相关部门的支持下，杭州市院牵头联合市林长办、河湖长办、田长办印发了《杭州市"林长+河湖长+田长+检察长"四长工作机制的实施方案》，该数字化工作机制作为"国土资源智护"场景的配套机制，进一步明确了信息共享、协同处置、工作会商、协作保障等7项举措，并首次将四长工作融入数字化治理。围绕数字监督成果，办案组深入开展理论研究，立项并结题最高检检察应用理论研究课题"大数据视野下的公益诉讼案件线索筛查路径及分析运用——以国土资源领域为视角"，该课题成果获得"生态环境领域公益诉讼理论创新与实践发展"全国论坛征文二等奖。

办案指引

（一）数字赋能，塑造智慧办案模型

杭州市院紧紧围绕土地领域案件线索发现难、调查取证难、类案监督难的"三难"问题，以大数据思维为牵引，在个案基础上研究卫星遥感目标识别算法，构建地物目标识别基础模块。通过规则组合，建立各地特色的监督模型，实现案件线索规模化、初查智能化、类型多样化的监督治理模式。在办案过程中，改变传统的"事后取证"为"同步存证"的新证据理念，借助卫星遥感技术监测区域内生态环境侵害情况，通过卫片图叠加比对，精准、直接导出目标区域设定时间区间报告，包括违法时间轴、违法区域面积大小、前后对比形态等，并作为辅助证据使用，准确度高、说服力足、证明力强，最终实现"线索发现、调查取证、跟进监督"全流程云端处置案件办理模式的蝶变。

（二）协同联动，共建监督治理格局

对内，始终坚持综合履职一体监督。通过分析多发的刑事案件，搭建差异化的研判模型，发现公益诉讼类案线索，后进一步调查取证，实地踏勘，挖掘相关刑事案件线索。对外，始终坚持双赢多赢共赢理念。通过构建"国土资源智护"多跨协同的数字化应用场景，建立市级检察机关、行政机关及区县级检察机关、行政机关"横纵双轨"四级联动监

督处置体系。以"线索发现—协同处置—整改反馈—跟进监督"的全流程数字化管理，最大限度节约司法资源，保护公共利益，实现监督治理一体化。

（三）以点带面，描摹全域共享"风景"

通过"建立一个规则，办理一批类案，推动一个领域专项整治"，助推长效化的社会治理。杭州市院坚持一院一特色、成熟一个推广一个的办案模式，推进国土领域案件多样化办理。如淳安县院、临安区院的"临时用地超期侵占"类案监督，余杭区院的"非粮化"类案监督均已上升为省院条线专项，共移送全省疑似案件线索1535条。上述两个模型与西湖区院"守护生态公益林"监督模型，成为杭州市全域数字法治监督体系首批上线模型，进一步放大了数字检察促进社会治理的效能。

法律法规依据

1.《中华人民共和国土地管理法》第五十七条第三款　临时使用土地期限一般不超过二年。

2.《中华人民共和国土地管理法实施条例》第二十条　建设项目施工、地质勘查需要临时使用土地的，应当尽量不占或者少占耕地。

临时用地由县级以上人民政府自然资源主管部门批准，期限一般不超过二年；建设周期较长的能源、交通、水利等基础设施建设使用的临时用地，期限不超过四年；法律行政法规另有规定的除外。

土地使用者应当自临时用地期满之日起一年内完成土地复垦，使其达到可供利用状态，其中占用耕地的应当恢复种植条件。

3.《中华人民共和国森林法》第三十八条　需要临时使用林地的，应当经县级以上人民政府林业主管部门批准；临时使用林地的期限一般不超过二年，并不得在临时使用的林地上修建永久性建筑物。

临时使用林地期满一年内，用地单位或者个人应当恢复植被和林业生产条件。

4.《中华人民共和国森林法实施条例》第十七条　需要临时占用林地的，应当经县级以上人民政府林业主管部门批准。

临时占用林地的期限不得超过两年，并不得在临时占用的林地上修筑永久性建筑物；占用期满后，用地单位必须恢复林业生产条件。

5.《浙江省公益林和森林公园条例》第十四条第一款　公益林林木只能进行抚育和更新性质的采伐。

案件承办人：

"国土智护"办案团队（杭州市人民检察院、西湖区人民检察院、淳安县人民检察院、临安区人民检察院、临平区人民检察院、建德市人民检察院）

案例撰稿人：

庞　赛（杭州市人民检察院）

责任编辑：

史笑晓　周　昆（杭州市人民检察院）

粮食生产功能区"非粮化"行政公益诉讼类案监督

杭州市余杭区人民检察院

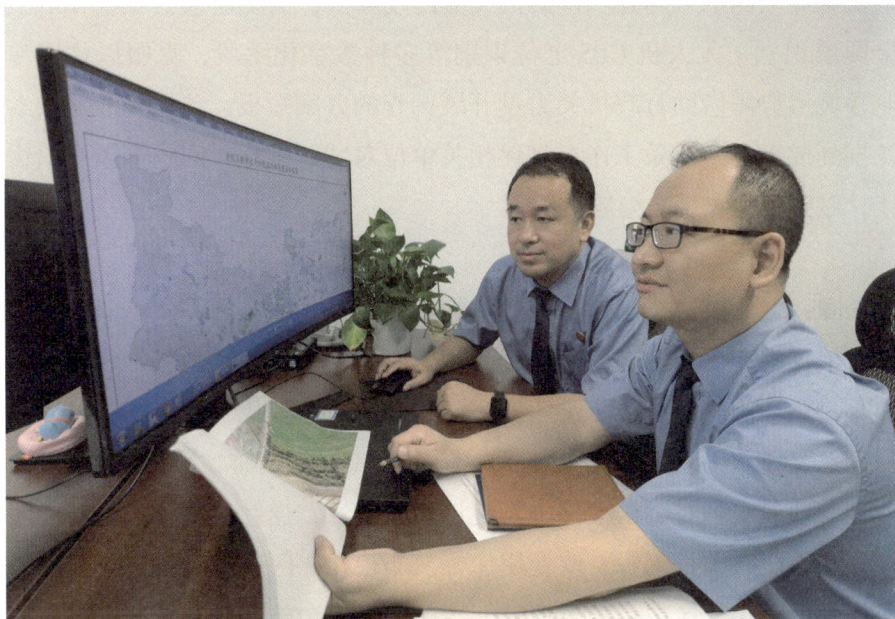

检察官在办理粮食生产功能区"非粮化"案件时，研判违法点位是否在粮食生产功能区内

关键词

国家粮食安全 “非粮化” 数字技术

要旨

“非粮化”指粮食生产功能区被其他用途挤占，不仅严重破坏优良耕地资源，更会影响国家粮食安全。囿于粮食生产功能区点多面广、单体面积大、四至边界不明等原因，传统监督路径存在公益诉讼线索发现难、大规模野外人力调查难、现场勘查坐标查找难、问题点位坐落位置确认难等“四难”问题。检察机关借助政务云、卫星遥感、导航App卫星图层识别、无人机GPS定位识别等多种数字化手段，克服以往因专业领域劣势需借助行政机关力量开展调查的办案短板，独立完成从线索发掘到成案的全链条工作，督促相关单位对“非粮化”问题开展整治优化，做到农地农用、粮地粮用。

基本情况

粮食生产功能区是粮食稳产高产的农业生产区域，是基本农田的核心，是精华中的精华，防止粮食生产功能区“非粮化”对保障国家粮食安全意义重大。杭州市余杭区人民检察院（以下简称“余杭区院”）在办理其他涉农公益诉讼案件中发现该相关线索，遂针对粮食生产功能区被违法占用、抛荒闲置、改变用途等“非粮化”问题展开调查。通过采集梳理近三年辖区内粮食生产功能区的信息，余杭区院共筛选出具有分布村社、面积、级别等详细信息的点位36处，作为申请卫星遥感检测的样本。借助杭州市人民检察院（以下简称“杭州市院”）的“国土智护”卫星遥感数字系统，通过构建卫星遥感识别检测要素模型、卫星图层导航引导现场勘查、无人机GPS坐标标定违法点位等方法，核查辖区内部分粮食生产功能区是否存在闲置抛荒、违法建设、种植苗木、挖塘养殖等违法情形。在余杭区院成功实践的基础上，杭州市院联合农业农村部门、规划资源部门等成立数字化工作专班，搭建"国土智护——粮食生产功能区保护"数字化监督场景，推动粮食功能产区、永久基本农田"一张图"，实现"线索发现—移送处置—跟进监督"的全流程长效闭环管理，最大限度保护耕地和粮食安全。

个案线索发现

2020 年，余杭区院根据浙江省人民检察院"守护美好生活"公益诉讼专项部署，办理了"镉稻谷"公益诉讼案件。其间，承办检察官了解到，辖区内粮食生产压力呈逐年上升态势，主要原因在于近年来随着工业化、城市化发展，各类建设用地增多，逐步挤占了粮食生产用地。通过走访排摸、实地踏勘，该院发现辖区某粮食生产功能区存在被他人非法占用、搭建大棚种植经济作物的事实。余杭区院通过分析个案作出判断，出于经济利益考虑，当前粮食生产功能区"非粮化"现象具有一定普遍性。且办理此类案件若依靠单独人力开展野外调查，效率低下，采取数字化手段辅助公益诉讼办案势在必行。

数据分析方法

数据来源

1. 粮食功能产区范围（源于政务平台、"浙农田"等公开数据）；

2. 同一区域卫星历史影像对比图（源于杭州市院"国土智护"平台）。

数据分析关键词

粮食生产功能区、整治优化、提标改造、位置、面积、等级、抛荒闲置、违法建筑、工程用地、池塘。

数据分析步骤

第一步：从余杭区政务平台、"浙农田"等公开信息渠道，通过检索关键词"粮食功能区""整治优化""提标改造"等，获取粮食功能产区图斑等信息，初步定位粮食生产功能产区范围；经数据清洗和梳理，形成包括具体信息的粮食功能区汇总表。

第二步：在粮食功能区汇总表基础上，为减少粮食生产功能区动态调整造成的误差，按照以下三方面的条件进行细化筛查：（1）将遥感识别面积限定为500亩以上，保证识别对象大概率是粮食生产功能区；（2）将识别的时间跨度设定为一年之内，避免时间久远缺乏可查性的问题；（3）重点识别图像特征较为明显的"非粮化"问题，如"抛荒闲置""建筑物""池塘""工程用地"等，保证识别特异性和准确度。获得疑似"非粮化"的卫星点位和图层照片。

第三步：利用导航App卫星图层、无人机航拍等方式进行实地勘查，确认是否确系"非粮化"情形，并根据实际情况划分具体情形。

思维导图

```
┌─────────────────┐              ┌─────────────────────┐
│  余杭区政务平台   │              │ "浙农田"等公开信息渠道 │
└─────────────────┘              └─────────────────────┘
         │                                  │
         └────────────────┬─────────────────┘
                          ▼
        ┌─────────────────────────────────────┐
        │ "粮食生产功能区""整治优化""提标改造"等 │
        │            关键词检索                 │
        └─────────────────────────────────────┘
                          ▼
        ┌─────────────────────────────────────┐
        │   包含具体信息的粮食生产功能区汇总表    │
        └─────────────────────────────────────┘
                          │
  ┌ ─ ─ ─ ─ ─ ─ ─ ─ ─ ─ ─ ┼ ─ ─ ─ ─ ─ ─ ─ ─ ─ ─ ─ ┐
  ┌──────────┐  ┌─────────────────────┐  ┌──────────┐
  │ 500亩以上  │  │ "抛荒闲置""建筑物""池塘"│  │ 一年之内  │
  └──────────┘  │    "工程用地"等      │  └──────────┘
  └ ─ ─ ─ ─ ─ ─ └─────────────────────┘ ─ ─ ─ ─ ─ ─ ┘
                          ▼
        ┌─────────────────────────────────────┐
        │   疑似"非粮化"的卫星点位和图层照片      │
        └─────────────────────────────────────┘
                          │
  ┌ ─ ─ ─ ─ ─ ─ ─ ─ ─ ─ ─ ┼ ─ ─ ─ ─ ─ ─ ─ ─ ─ ─ ─ ┐
  ┌──────────────┐ ┌──────────┐ ┌──────────┐ ┌──────────┐
  │ 导航App卫星图层 │ │ 无人机航拍 │ │ GPS定位  │ │ 坐标投射  │
  └──────────────┘ └──────────┘ └──────────┘ └──────────┘
  └ ─ ─ ─ ─ ─ ─ ─ ─ ─ ─ ─ ─ ─ ─ ─ ─ ─ ─ ─ ─ ─ ─ ─ ─ ┘
                          ▼
                   ┌──────────────┐
                   │  确定最终点位  │
                   └──────────────┘
```

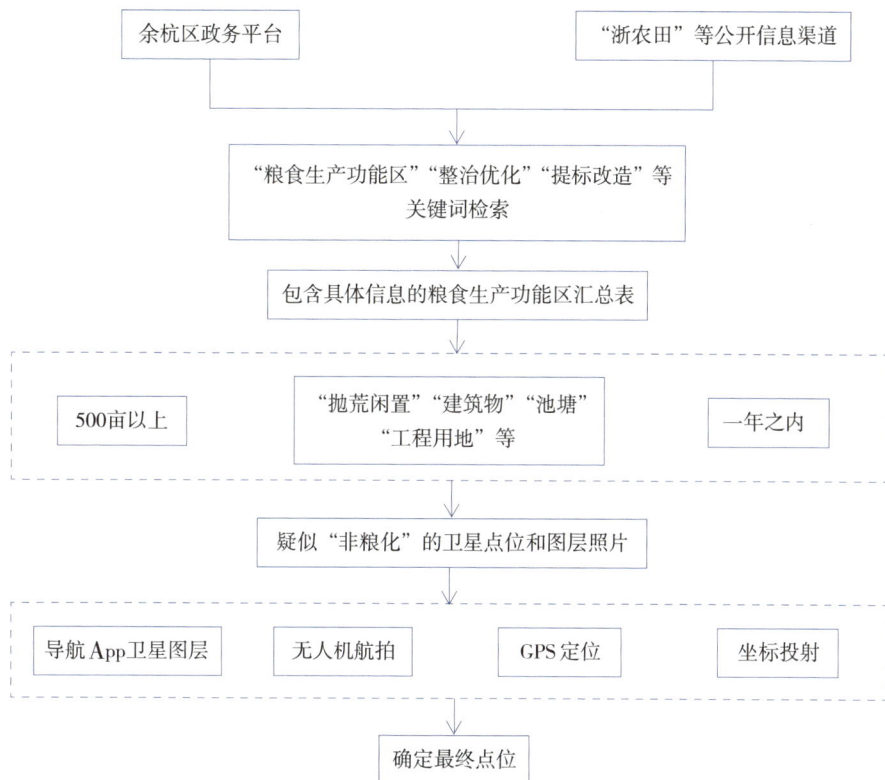

检察融合监督

涉土地类案件往往类型复杂、专业程度高,违法行为难以及时发现。发现后,调查取证也往往需要借助专业测绘公司或者依靠行政机关力量,耗费时间长、成本高,不利于社会公共利益的及时有效保护。本案办理过程中面临"四难"问题,即线索发现难、大规模野外人力调查难、现场勘查坐标查找难、问题点位坐落位置确认难。为此,检察机关充分发挥主观能动性,以政务云、卫星遥感、导航 App 卫星图层识别、无人机 GPS 定位识别等数字技术为依托,独立实现了从线索发掘、点位发现、现场勘查到坐落位置确认等全链条的调查核实工作。在初步采集的 36 处遥感检测样本点位基础上，将特征较为明显的如"抛荒闲置、违法建筑、工程用地、池塘"等作为识别基准，再设定识别面积下限、卫星像片图追溯时间等参数。最终获得"非粮化"疑似程度较高的点位 10 处，经进一步确认，其中 8 处位于粮食生产功能区。根据《浙江省粮食生产功能区保护办法》等相关规定，粮食生产功能区存在被非法占用、改变用途等"非粮化"现象，农业农村部门和属地的乡镇街道存在履职缺位。2022 年 4 月 15 日，余杭区院就发现的问题向区农业农村局和相关属地镇街发出诉前检察建议，建议依法对"非粮化"问题开展整治优化。行政机关收到检察建议后高度重视，区农业农村局直接指导相关镇街积极整改，有序开展清理腾退工作，如对部分苗木进行移植、养殖坑塘进行复垦复种等。后续，将严格按照粮食功能区建设考核验收标准，对不符合要求或确实难以恢复种植条件的地块及时进行调整补划。

📊 社会治理成效

杭州市院在余杭区院试点经验的基础上，搭建"国土智护——粮食生产功能区保护"数字化监督场景，该场景为杭州市全域数字法治监督首批上线的场景之一。杭州市院联合市农业农村部门、规划资源部门成立工作专班，开展粮食生产功能区、永久基本农田"一张图"合并工作，通过卫星遥感常态化巡查，及时发现"非粮化"线索，推送行政机关，推动永久基本农田的有效保护和粮食生产功能区整治工作。截至 2023 年 5 月，共归集耕地、粮食生产功能区、高标准农田数据 94218 条，在余杭、钱塘、临平等地发现有效线索 10 条，制发检察建议 3 份，形成机制征求意见稿一份，初步形成了"线索发现—推送职能部门处置—职能部门反馈—检察机关跟进监督"的闭环管理，实现耕地保护和粮食安全守护最大化。

📊 办案指引

传统办案模式下，检察机关行使法律监督职权，很大程度上需要借力于行政机关，绝大多数数据资料需要从被监督对象处调取，极大制约了监督质效。而大数据无疑提供了新的解决思路，成为检察机关延伸的"眼睛"和"臂膀"，增加了更加直接便捷的案件切入渠道，提供了独立调查监督的重要抓手。针对传统监督模式下线索发现难、野外调查取证难等问题，检察机关依托数字化监督场景，创新性引入卫星遥感、无人机航拍、GPS 定位识别等数字技术辅助办案，实现全链条调查核实工作均由检察机关独立完成，且违法点位识别准确率高达 80%。检察机关以数字技术为监督利器，做实了独立调查取证的底气，夯实了办案的坚实基础。

综观本案办理，要实现独立完成全链条调查核实和事实认定，需解决三大核心难题：

（一）如何设定高精准度的卫星遥感检测识别要素模型

如何设计识别要素模型是提高卫星遥感技术发现准确率的关键因素，否则既浪费人力、物力，也使得数字模型大规模运用于"非粮化"公益保护失去意义。余杭区院锚定三个维度进行设计，一是遥感识别面积限定为 500 亩以上，保证识别对象大概率是粮食生产功能区；二是识别的时间跨度设定为一年之内，避免时间久远可查性不大；三是识别图像特征较为明显的"非粮化"问题，如"抛荒闲置""建筑物""池塘""工程用地"等，保证识别的特异性。

（二）如何查找遥感发现的疑似"非粮化"点位准确位置

粮食生产功能区集中连片，面积上千亩，卫星遥感发现的"非粮化"点位面积与之相比，如同沧海一粟。难以查找和确认具体位置，也就无法现场勘查确认具体是哪一种"非粮化"情形，案件事实亦无法认定。承办人最初思考了两条解决路径：一是采用无人机巡查，但是实际操作中无人机的航程过短，不具有可操作性；二是联系主管行政机关带路，但这种方式非常被动，后期对行政机关进行监督的难度也很大。鉴于此，承办人通过分析比较多款手机导航 App 软件，从中选择了一款具有卫星图层、卫星图层导航、导航位置经纬度坐标显示等诸多功能的软件，先通过 App 卫星图层找到需要导航的大致位置，然后通过地形地貌、河流道路等特征比对一致后，在该导航 App 上设置精确导航点，从而找到现场进行实地勘查。

（三）如何确证发现"非粮化"问题点位属于粮食生产功能区范围

经现场勘查发现具体的"非粮化"问题点位后，该处点位是否位于粮食生产功能区范围是最后成案的关键。因为粮食生产功能区保护标准与一般耕地不同，同样的"非粮化"问题，如果出现在粮食生产功能区，属于违法行为，如果出现在一般耕地范围，则可能不属于违法问题。余杭区院采取"双重比对法"，即先将无人机航拍画面显示的地形地貌、河流道路等特征与卫星遥感图、导航 App 卫星图层进行比对，确保三者一致，无人机飞行方位无误；再采用无人机自带的 GPS 定位功能，准确标记每处违法点位坐标，将坐标与余杭辖区内粮食生产功能区分布图进行投射，实行二次判断，最终确认坐落于粮食生产功能区范围内的"非粮化"问题点位。

📊 法律法规依据

1.《中华人民共和国土地管理法》第三十七条第三款　禁止占用永久基本农田发展林果业和挖塘养鱼。

2.《基本农田保护条例》第十七条　禁止任何单位和个人在基本农田保护区内建窑、建房、建坟、挖砂、采石、采矿、取土、堆放固体废弃物或者进行其他破坏基本农田的活动。

禁止任何单位和个人占用基本农田发展林果业和挖塘养鱼。

第十八条　禁止任何单位和个人闲置、荒芜基本农田……

3.《国务院关于建立粮食生产功能区和重要农产品生产保护区的指导意见》 一、总体要求

（三）主要目标……1.粮食生产功能区。划定粮食生产功能区 9 亿亩，其中 6 亿亩用于稻麦生产……划定玉米生产功能区 4.5 亿亩（含小麦和玉米复种区 1.5 亿亩）。

二、科学合理划定"两区"

（四）科学确定划定标准。粮食生产功能区和大豆、棉花、油菜籽、糖料蔗生产保护区划定应同时具备以下条件：水土资源条件好，坡度在 15 度以下的永久基本农田……

4.《浙江省人民政府办公厅关于坚决制止耕地"非农化"防止耕地"非粮化"稳定发展粮食生产的意见》（六）严格耕地农业用途管制……粮食生产功能区要严格用于粮食生产，特别要用于水稻生产，确保种植一季以上粮食作物。

5.《浙江省农业厅关于粮食生产功能区建设的实施意见》 四、项目申报。（一）申报条件。1.符合规划要求。选定的粮食生产功能区，符合土地利用总体规划，区域范围明确，位于基本农田保护区内。

案件承办人：

许少朋　章思思（杭州市余杭区人民检察院）

案例撰写人：

许少朋（杭州市余杭区人民检察院）

责任编辑：

董　彬（杭州市人民检察院）

毛　咪（桐庐县人民检察院）

耕地占用税征收行政公益诉讼类案监督

桐庐县人民检察院

桐庐县检察院以"国土智护"专项行动为契机，"借智借力"开展耕地占用税监督线索研判分析

📊 关键词

非法占地　耕地占用税征收　行政公益诉讼　闭环管理

📊 要旨

"穿透式"解析非法占地行政处罚个案，提取非法占地起止期限、面积、主体等数据要素，发现批量未经批准占用耕地而遗漏征收耕地占用税的线索。通过审查个案，对规划和自然资源、农业、林业等部门及当事人调查核实，以点拓面督促税务部门依法追缴税款，牵头出台协作配合机制，推动对非法占地、耕地占用税征收的联动整治、长效常治。

📊 基本情况

非法占地未被依法征收耕地占用税并非个案，存在类案监督的现实可能。桐庐县人民检察院（以下简称"桐庐县院"）借助政府信息公开平台、中国裁判文书网、企查查、钉钉企典等数据载体获取行政处罚决定书、行政裁定书、企业基本信息等数据，通过关键词筛查、数据比对碰撞、人工二次梳理等步骤环节，对全县五年来的非法占地情况进行系统梳理排摸，精准发现类案线索多条，并以检察建议、联席磋商助推专项整治、闭环管控，聚力堵塞耕地占用税征管漏洞，助力落实国有财产和耕地安全"双保护"。

📊 个案线索发现

2021年4月，桐庐县院在落实杭州市人民检察院（以下简称"杭州市院"）部署的"国土智护"公益诉讼专项行动中，发现浙江某农业开发有限公司存在非法占用耕地且未缴纳耕地占用税，造成税款流失、损害国家利益的违法情形。该院经调查发现，国土资源部门于2017年5月2日作出的土地违法行政处罚认定：2016年2月，该农业开发公司未经县级以上国土资源部门审批，擅自占用某村 3000 多平方米土地建造旅游设施和其他景观设施，勘测的项目占地不符合规划面积。《耕地占用税暂行条例》（已废止）第 3 条规定，占用耕地建房或者从事非农业建设的单位或个人，为耕地占用税的纳税人，应当依照本条例规定缴纳耕地占用税。《耕地占用税暂行条例实施细则》第 4 条第 2 款规定，未经批准占用耕地的，纳税人为实际用地人。前述涉案公司未经批准占用耕地的行为已被行政处罚，但未缴纳耕地占用税。这反映了耕地占用税征收领域存在的监管漏洞，有进一步开展监督的必要性。

数据分析方法

数据来源

1. 行政处罚决定书（源于政府信息公开平台）；

2. 行政裁定书（源于中国裁判文书网）；

3. 企业及其他组织的基本信息（源于企查查、钉钉企典）；

4. 耕地占用税缴纳清单（源于税务部门税收征收系统）。

数据分析关键词

以"非法占地"为关键词，检索本县政府信息公开平台发布的由行政主管部门作出的行政处罚决定书和中国裁判文书网中所涉本县法院行政裁定书，并对检索出的行政处罚案件与行政非诉执行案件进行数据比对、碰撞，剔除案件名称不一致、当事人为自然人、企业已注销或破产的案件，再与税务部门税收征管系统检索出的企业、组织税收入库情况清单进行比对，最终确定非法占地未缴纳耕地占用税企业名单。

数据分析步骤

第一步：通过政府信息公开平台下载规划和自然资源、农业、林业等部门行政处罚决定书，以"非法占地"为关键词筛选出相关行政处罚案件。通过中国裁判文书网下载涉本地区法院行政裁定书，以"非法占地"为关键词筛选出相关行政非诉执行案件。

第二步：对上述筛选的"非法占地"类行政处罚案件、行政非诉执行案件进行数据比对与整合，剔除当事人为自然人的案件（A组）和名称不一致案件（B组），形成经比对名称一致且当事人为企业及其他组织的案件清单列表（C组）。

第三步：通过企查查、钉钉企典查询C组清单列表当中企业及其他组织的基本信息，剔除已注销、破产等企业、组织，形成正常经营且存在非法占地情形的企业及其他组织清单列表（D组）。

第四步：从税务部门调取企业及其他组织耕地占用税缴纳清单。

第五步：通过税务部门调取的耕地占用税缴纳清单和正常经营且存在非法占地情形企业和组织清单比对，查明未缴纳耕地占用税的企业和组织。

思维导图

```
┌──────────────────┐                          ┌──────────────────┐
│  政府信息公开平台  │                          │  中国裁判文书网    │
└────────┬─────────┘                          └────────┬─────────┘
         │                                             │
┌────────▼─────────┐                          ┌────────▼─────────┐
│  行政处罚决定书    │                          │  行政非诉执行案件  │
└────────┬─────────┘                          └────────┬─────────┘
         │                                             │
    排除                ┌──────────────────┐       重点
    案件                │ 关键词"非法占地"  │       案件
                        └────────┬─────────┘
┌ ─ ─ ─ ─ ─ ─ ─ ─ ─ ─ ┐          │          ┌──────────────────┐
  ┌──────────────────┐ │◄────────┤          │ C 组:案件名称一致且│
│ │  A组:           │          └─────────►│ 当事人系企业和组织 │
  │  案件名称不一致   │ │                    └────────┬─────────┘
│ └──────────────────┘                               │
  ┌──────────────────┐ │                    ┌────────▼─────────┐
│ │  B组:           │◄─                     │  企查查、钉钉企典  │
  │  当事人系自然人   │ │                    └────────┬─────────┘
│ └──────────────────┘                               │
└ ─ ─ ─ ─ ─ ─ ─ ─ ─ ─ ┘                       剔除注销
                                              破产单位
┌──────────────────┐                                 │
│  税收征管系统      │                                 │
└────────┬─────────┘                        ┌─────────▼────────┐
         │              比对                 │ D组:正常经营且存在非│
┌────────▼─────────┐◄──────────────────────►│ 法占地情况企业和组织 │
│  企业、组织税收入库 │                        └──────────────────┘
│  清单             │
└────────┬─────────┘
         │
┌────────▼─────────┐
│  最终确定          │
│  漏征、未征耕地占用税企业和组织 │
└──────────────────┘
```

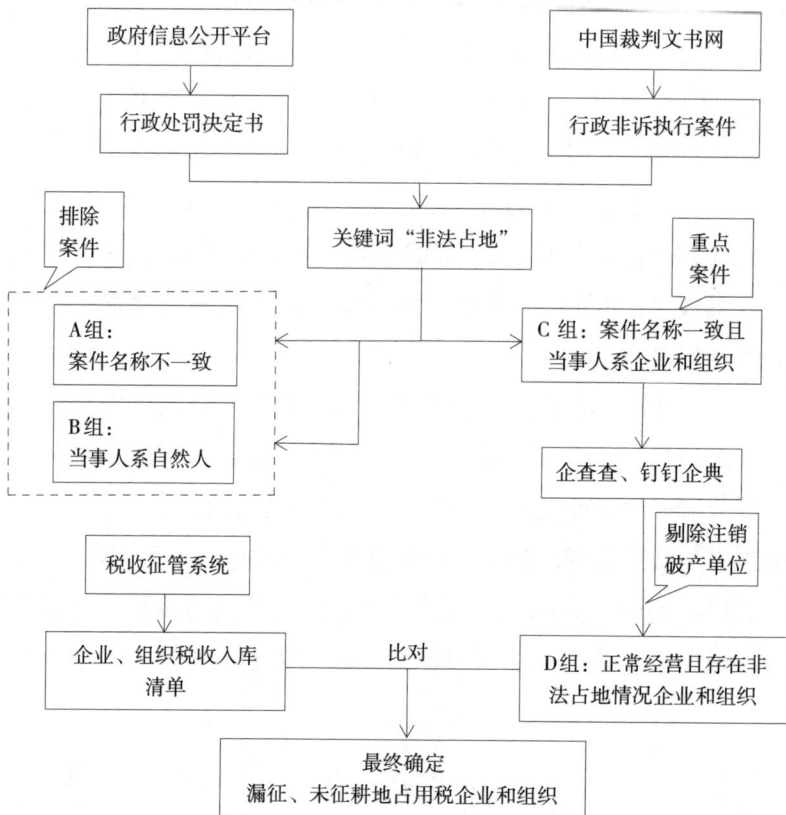

📊 检察融合监督

桐庐县院经大数据筛查、比对、碰撞,深挖监督线索,对非法占地类耕地占用税征收开展类案监督,通过向税务部门制发检察建议,督促追缴税款、滞纳金共计人民币 750 万余元。杭州市院以本案实践为样本,在全市开展了耕地占用税专项监督行动,合计追回耕地占用税款及滞纳金 5200 万余元。同时,桐庐县院持续强化跟进监督,推动行政主管部门开展非法占地专项整治"回头看",对应拆未拆、应退未退、应复垦未复垦等违法行为再梳理、再整治,共督促拆除违法建筑 10000 多平方米,收回被占用耕地 30000 多平方米，复垦耕地 35000 多平方米，真正实现"办理一案、影响一片、规范一域"的法律监督成效。

社会治理成效

在类案监督过程中，桐庐县院针对执法监督信息不对称问题，牵头税务、规划和自然资源、农业、林业、综合行政执法等部门召开联席会议，会签涉耕地占用税工作部门协作和信息交换工作实施意见，进一步推动补缴 9 户次，涉及税款及滞纳金 17.5 万元。借助行政执法一体化平台、浙政钉等"线上 + 线下"方式打破信息壁垒，有效传递非法占地、临时用地等涉税信息，实现行政许可、行政执法信息共享、线索互通，以点拓面填补耕地占用税征管漏洞，合力守护国有财产和耕地安全，助力提升县域社会整体智治水平。

办案指引

耕地占用税是国家税收的重要组成部分，其征收直接关系到耕地资源的保护和利用，在守牢耕地红线和保护粮食安全等方面发挥着重要作用。实践中，由于税务部门和相关行政机关信息不对称，导致未经批准占用的耕地未被依法征收耕地占用税的情况多发频发。该漏洞缘何一直存在，其中的一些问题值得思考和总结，冀图为今后相关问题的破题提供有益参考。

（一）深挖细查，推动偶然"邂逅"线索成案

检察机关在履职中要查实用好每一个监督线索，力争让偶然"邂逅"成为必然"规律"。本案的线索系在开展杭州市院"国土智护"公益诉讼专项行动中发现。桐庐县院公益诉讼检察部门为进一步核实杭州市院下发的专项数据情况，从行政主管部门调取了临时用地审批台账资料，审查发现 2018—2019 年度台账资料备注栏中内容与 2020 年度有所差异，即 2020 年度备注栏中增加了"耕占税已缴纳"，而前两个年度却

没有。承办检察官经查阅法条、向相关职能部门咨询后，随机选择了浙江某农业开发有限公司等 12 家企业非法占地案进行了调查核实，发现非法占地当事人普遍存在未依法缴纳耕地占用税的问题。

（二）数字破局，着力提升类案监督质效

检察机关要深刻把握数字检察战略要义，以数字化思维、手段，重点着力类案监督、自觉参与社会治理，紧扣"系统抓、抓系统"的办案思路，积极擘画耕地占用税数字监督蓝图。在个案基础上搭建数据模型，借助中国裁判文书网、企查查、钉钉企典、政府门户网站政府信息公开平台等数据载体调取所需数据。通过数据筛查、对比、碰撞等技术方式，精准发现 2017 年以来 100 余家企业和组织存在非法占地且未被依法征收耕地占用税的事实。通过检察建议及线索移送的方式，督促税务部门整改落实，实现从"数量驱动、个案为主、案卷审查"的个案办理式监督到"质效导向、类案为主、数据赋能"的类案治理式监督的模式转化。

（三）立足全局，逐一破除监督瓶颈

检察机关要以双赢多赢共赢理念为牵引，精准落实"在办案中监督，在监督中办案"。针对被监督单位不愿接受监督的共性问题，要在释法说理、座谈磋商、帮助破题中积极传递监督理念，最大限度取得对方的理解和支持。

本案办理中第一个"拦路虎"是检察建议书的签收，后在多次协调中予以顺利推进。该案的第二个"拦路虎"是，税务部门在整改过程中提出本金和滞纳金倒挂、滞纳金征收期限的问题，即部分纳税人愿意缴纳本金，但不愿意缴纳过高的滞纳金，遂导致工作推进缓慢。在沟通磋商过程中，桐庐县院与税务部门在滞纳金相关条款的理解和适用上存在不同意见。经对非法占地耕占税未缴纳情形产生原因的重新梳理，发现本案的发生是由于行政主管部门在行政处罚时未告知当事人需缴纳耕占税、处罚后也未将行政处罚决定书抄送税务部门，税务部门也未主动向主管部门索要非法占地行政处罚信息，当事人对非法占地需要缴纳耕地占用税的规定不知情等多重因素导致的。从有利于当事人的角度来说，是由于行政机关之间信息不对称、不畅通产生的，也就不属于税务部门的责任和纳税人计算错误的情形。因此，根据相关规定，滞纳金应当按照 3 年的追征期进行追征。经进一步座谈磋商，税务部门认为适用 3 年追征期的意见比较中肯，在请示上级税务机关后依法进行了适用，有力促进了耕地占用税本金和滞纳金征收问题的解决。

📊 法律法规依据

1.《中华人民共和国税收征收管理法》第六十二条 纳税人未按照规定的期限办理纳税申报和报送纳税资料的，或者扣缴义务人未按照规定的期限向税务机关报送代扣代缴、代收代缴税款报告表和有关资料的，由税务机关责令限期改正，可以处二千元以下的罚款；情节严重的，可以处二千元以上一万元以下的罚款。

第六十四条 纳税人、扣缴义务人编造虚假计税依据的，由税务机关责令限期改正，并处五万元以下的罚款。

纳税人不进行纳税申报，不缴或者少缴应纳税款的，由税务机关追缴其不缴或者少缴的税款、滞纳金，并处不缴或者少缴的税款百分之五十以上五倍以下的罚款。

第六十八条 纳税人、扣缴义务人在规定期限内不缴或者少缴应纳或者应解缴的税款，经税务机关责令限期缴纳，逾期仍未缴纳的，税务机关除依照本法第四十条的规定采取强制执行措施追缴其不缴或者少缴的税款外，可以处不缴或者少缴的税款百分之五十以上五倍以下的罚款。

2.《中华人民共和国耕地占用税法》第二条 在中华人民共和国境内占用耕地建设建筑物、构筑物或者从事非农业建设的单位和个人，为耕地占用税的纳税人，应当依照本法规定缴纳耕地占用税。

占用耕地建设农田水利设施的，不缴纳耕地占用税。

本法所称耕地，是指用于种植农作物的土地。

第九条　耕地占用税由税务机关负责征收。

第十条　耕地占用税的纳税义务发生时间为纳税人收到自然资源主管部门占用耕地手续的书面通知的当日。纳税人应当自纳税义务发生之日起三十日内申报缴纳耕地占用税。

自然资源主管部门凭耕地占用税完税凭证或者免税凭证和其他文件发放建设用地批准书。

第十二条第一款　占用园地、林地、草地、农田水利用地、养殖水面、渔业水域滩涂以及其他农用地建设建筑物、构筑物或者从事非农业建设的，依照本法的规定缴纳耕地占用税。

第十三条第一款　税务机关应当与相关部门建立耕地占用税涉税信息共享机制和工作配合机制。县级以上地方人民政府自然资源、农业农村、水利等相关部门应当定期向税务机关提供农用地转用、临时占地等信息，协助税务机关加强耕地占用税征收管理。

第十四条　耕地占用税的征收管理，依照本法和《中华人民共和国税收征收管理法》的规定执行。

3.《中华人民共和国耕地占用税法实施办法》第二条第二款　未经批准占用耕地的，纳税人为实际用地人。

第三条　实际占用的耕地面积，包括经批准占用的耕地面积和未经批准占用的耕地面积。

第二十七条第一款　未经批准占用耕地的，耕地占用税纳税义务发生时间为自然资源主管部门认定的纳税人实际占用耕地的当日。

第二十八条　纳税人占用耕地，应当在耕地所在地申报纳税。

第三十二条　纳税人的纳税申报数据资料异常或者纳税人未按照规定期限申报纳税的，包括下列情形：

（一）纳税人改变原占地用途，不再属于免征或者减征耕地占用税情形，未按照规定进行申报的；

（二）纳税人已申请用地但尚未获得批准先行占地开工，未按照规定进行申报的；

（三）纳税人实际占用耕地面积大于批准占用耕地面积，未按照规定进行申报的；

（四）纳税人未履行报批程序擅自占用耕地，未按照规定进行申报的；

（五）其他应提请相关部门复核的情形。

案件承办人：

娄荣斌（桐庐县人民检察院）

薛　路（浙江省人民检察院）

案例撰写人：

娄荣斌　谢　凯（桐庐县人民检察院）

责任编辑：

史笑晓　陈　诚（杭州市人民检察院）

督促保护富春江流域水环境行政公益诉讼类案监督

杭州市富阳区人民检察院

富阳区检察院就督促整治建筑工地、洗车店非法取（排）水问题行政公益诉讼案召开公开听证会

关键词

行政公益诉讼诉前程序 水环境保护 长效治理

要旨

检察机关聚焦水环境保护依法能动履职，以个案办理为切口，总结提炼非法排水、非法取水、饮用水源地破坏等涉水领域违法行为特点，运用数字检察思维，搭建监督场景，归集各类数据，碰撞生成批量类案线索，并以检察建议、圆桌会议、现场会、听证会等形式推动部门联动，建立健全水环境保护长效机制，促进综合治理，提升保护质效。

基本情况

富春江是钱塘江的上游河流，其不仅位于黄金旅游线上，同时肩负着"保卫"钱塘江、西湖优良水质的重要作用。富春江富阳段水系包含渌渚江、壶源江、新桥江等十条主要支流，有一处县级以上集中式饮用水水源地，是富阳区主要饮用水源取水河段。2021年，富春江北支江段被正式确立为亚运会水上比赛项目主场馆。杭州市富阳区人民检察院（以下简称"富阳区院"）在履职中发现，沿线部分行业违规取水、违法排水以及破坏饮用水源地等问题突出，严重损害社会公共利益，亟须综合治理。富阳区院聚焦富春江流域水环境保护总体目标，综合创建公益诉讼"数智护水"监督场景，打造涵盖水污染防治、水资源保护、饮用水源地保护等多个子场景的全方位"模型矩阵"，归集涉水行政执法机关、水务公司、涉水举报相关数据，开展大数据类案监督。通过召开圆桌会、制发检察建议、磋商、移送线索等形式，推动职能部门全面履职。

◫ 个案线索发现

2021 年 7 月，富阳区院接到举报，反映城区某建筑工地多次将泥浆水排入富春江主要支流新桥江河道。经核查，该院发现此工地自开工以来从未办理过排水证，场地内沉淀池也无法满足废水储存和回收利用的要求。未经沉淀的废水常常通过私接管道直接向污水井、河道偷排，污染周边水环境。同月，富阳区院向相关职能部门发送检察建议，要求依法查处案涉工地并加强对辖区在建项目排水的督查监管，形成长效机制。同年 9 月，职能部门回函反馈已责令案涉工地补办手续、落实整改，并组织开展不定期抽查推动整改辖区工地排水乱象。

富阳区院在该案办理中进一步发现，由于相关职能部门缺乏有效信息共享、协作配合机制，建筑工地偷排废水问题长期处于监管薄弱地带，遂尝试依托数字赋能监督推动问题解决。

◫ 数据分析方法

第一部分，非法排水分析（以建筑工地非法排水为例）：

数据来源

创新建设一体化数字资源系统、行政机关。

数据分析关键词

市政管网分布、在建工地名录、排水证登记信息。

数据分析步骤

第一步：将在建工地数据与市政管网信息进行比对，形成市政管网覆盖的在建工地名单（A 组）。

第二步：从排水证登记信息中筛选出有效期内的登记信息，形成已办理排水证的企业名单（B 组）。

第三步：将 A 组数据与 B 组数据比对碰撞，筛选出未办理排水证的在建工地信息（C 组）。

思维导图

第二部分，非法取水分析（以建筑工地非法取水为例）：

数据来源

创新建设一体化数字资源系统、行政机关。

数据分析关键词

在建工地名录、取水许可证登记信息、自来水费信息。

数据分析步骤

第一步：将建筑工地数据进行合并清洗，形成在建工地相关信息（A 组）。

第二步：从取水证登记信息中筛选出有效期内的登记信息，形成已办理取水证的企业名单（B 组）。

第三步：将 A 组数据与 B 组数据比对碰撞，筛选出未办理取水证的在建工地信息（C 组）。

第四步：将 C 组数据与自来水费信息进行比对，剔除已缴纳合理数额自来水费的企业名单，形成非法取水在建工地名单（D 组）。

思维导图

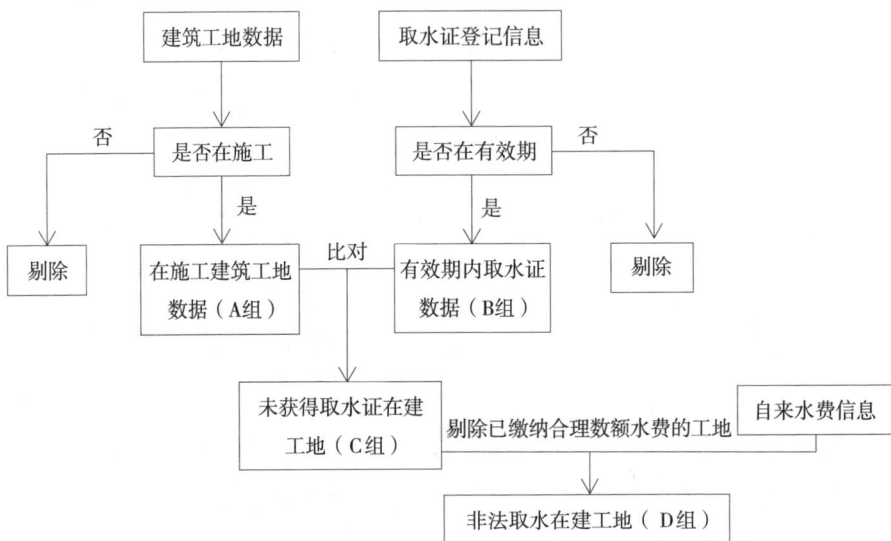

第三部分，饮用水源地污染分析（以水产养殖为例）：

数据来源

创新建设一体化数字资源系统、行政机关。

数据分析关键词

饮用水源地分布、水产养殖分布、水质检测数据。

数据分析步骤

第一步：将饮用水源地数据同水产养殖数据进行比对，形成交叉区域数据。

第二步：查看该地址水质检测数据是否存在异常。

第三步：如水质检测数据表明该地存在污染嫌疑较大的，可实地踏勘。

第四步：根据第二步和第三步结果最终确定水产养殖致水源地污染线索。

思维导图

```
┌──────────────┐        ┌──────────────┐
│ 饮用水源地数据 │        │ 水产养殖户数据 │
└──────┬───────┘        └──────┬───────┘
       └───────────┬───────────┘
              ┌────▼─────┐
              │ 地址是否交叉 │
              └────┬─────┘
                 是 │
              ┌────▼─────┐   查询该地附近水质   ┌──────────┐
              │ 存在污染嫌疑 │───────────────→│ 水质检测数据 │
              └────┬─────┘   检测数据          └──────────┘
       ┌───────────┤
  ┌────▼────┐   ┌──▼───────────────────┐
  │ 实地踏勘 │──→│ 水产养殖致饮用水源地污染 │
  └─────────┘   └──────────────────────┘
```

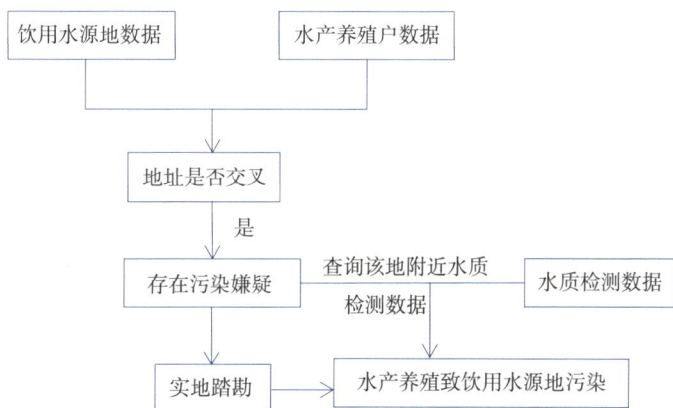

▍▍▍ 检察融合监督

围绕非法排水问题

碰撞生成建筑工地非法排水线索 372 条、洗车行非法排水线索 173 条。经随机走访，查实 5 家建筑工地、6 家洗车行非法排水事实，遂以召开圆桌会、制发检察建议、磋商、移送线索等形式推动职能部门全面履职。围绕重点工业企业非法排水问题，挖掘涉水刑事犯罪线索 41 条，移送查处立案 1 起，显著提升对涉水违法犯罪的"穿透性"打击能力。

围绕非法取水问题

碰撞生成建筑工地非法取水线索 84 条，洗车行非法取水线索 170 条。经线下走访核查，查实工地私设管道抽取河水的违法事实 10 起、洗车行非法钻井取水事实 23 起，已通过召开听证会、制发检察建议、磋商函等形式督促职能部门查处整改，并通过监督场景内置协作模块向职能部门在线移送问题线索 230 余条，助推职能部门精准查办非法取水案件 2 起。

围绕饮用水源地保护

碰撞生成饮用水源地污染线索 14 条，通过卫星遥感、无人机取证、快速检测实验室等手段查实违法事实 2 起，已通过召开现场会、制发检察建议等形式推动问题整改，发现并督促整改养殖尾水直排影响饮用水源地水质问题 4 处。围绕外来生物入侵问题，结合"益心为公"志愿者平台举报信息，推动查实并督促整治饮用水源地周边福寿螺入侵问题 2 起。

📊 社会治理成效

一是提升办案质效，守护绿水青山。依托场景"问题汇集—分析预警—处置协同—成果共享—评估优化"逻辑闭环，累计生成监督线索900 余条，办理涉水公益诉讼案件 24 件，其中 1 件入选最高检内刊典型案例，1 件入选杭州检察机关护航亚运典型案事例，1 件入选杭州检察机关大数据法律监督典型案例。

二是助推专项行动，释放治理效能。督促职能部门开展工地、洗车行取（排）水专项监督，河道与水设施执法专项整治、重点渔业乡镇（街道）养殖尾水检查等专项监督，共计检查 800 多人次，检查河道 50多条次，检查规模渔业企业 50 余家、涉及渔业水域面积 4000 余亩；共计立案查处涉水违法案件 14 起，排查整治排污排水、河道设施、固体漂浮物等涉水问题 40 余个，推动补办取水许可 7 家、补办排水证 220 本，清理河道 3.5 千米，清理福寿螺 11000 余斤。

三是深化推广共享，推动长效长治。联合 7 家部门共同出台《检察公益诉讼"数智护水"监督场景协作机制》，以数据共享、线索移送、专项行动等形式全面深化"检察公益诉讼 + 水行政执法"协作模式。在本辖区成案的基础上，以专项行动形式在全市推广，截至 2023 年 5 月，已在余杭、淳安、拱墅、钱塘等地区成案 40 余件。围绕数字监督成果，以论文撰写、微课录制、品牌宣讲等方式强化对外推广，论文入选中国刑法学研究会 2022 年全国年会暨数字法治大会并被《中国检察官》杂志刊载，微课获评浙江省检察精品微课、杭州市检察机关精品微课，场景入选 2022 年浙江数字检察"一本账 S2"，并在"杭州城市大脑运营指挥中心 2050 厅"展示。

📊 办案指引

水泽万物，良好的水环境和水资源保护状况是绘就现代版富春山居图的应有之义。实践中，由于涉水执法部门多、监管职责交叉、信息不对称等因素，水体污染、水资源浪费、饮用水源安全隐患等问题客观存在，严重影响人民群众幸福感、获得感、安全感。富阳区院以个案办理为切入点，围绕水环境与水资源的多重保护，聚焦办案痛点堵点，深挖监督场景、归集海量数据、智能碰撞分析，以检察建议、圆桌会议、专题研讨会等形式推动部门联动，实现以"我管"促"都管"，助力乡村振兴，护航"两个先行"。

（一）数字赋能，重塑办案流程

深入贯彻落实数字检察战略，聚焦传统涉水类公益诉讼案件取证难、收效小等痛点难点，以多场景"模型矩阵"撬动流程重塑。通过厘清涉水领域违法犯罪行为的整体逻辑和关键节点，先后构建非法取水预警、非法排水预警及饮用水源地破坏预警等多个研判预警模型。以数据碰撞排除无效线索、缩小排查范围，显著减轻办案人员现场走访压力，实现涉水类公益诉讼办案由"人找线索"到"线索找人"的转型蝶变。

（二）多跨协同，实现穿透打击

拓展使用外部数据，推动数据共享共用。针对行政机关与司法机关之间现存的数据壁垒，通过主动上门对接、阐明数据用途、积极开放数据等途径获取职能部门支持，逐步推进数据批量交换、实时交流。截至

2023年5月，"数智护水"监督场景累计接入涉水数据380万余条，对外移送线索500余条。在此基础上，富阳区院深入贯彻"三查融合"理念，围绕工业企业非法排污等重点，深入挖掘涉水刑事犯罪线索，不断提升对涉水违法犯罪的"穿透性"打击能力。

（三）长效长治，完善监督闭环

全面推动以"我管"促"都管"落实落地。针对系统摸排生成的办案线索，以检察建议、圆桌会、现场会、听证会、磋商会等多种形式推动部门联动，并依托系统的实时监控功能实现定期"回头看"。以检察监督补齐因涉水执法部门多、监管职责交叉、信息不对称等因素导致的监管盲区，有力改善水体污染、水资源浪费、饮用水源安全隐患、水利设施破坏等问题，筑牢富春江流域水资源保护、水污染防治"电子屏障"。2022年2月至2023年5月，富阳区院累计办理涉水类公益诉讼案件24起，助推相关职能部门开展全区工地、洗车行取（排）水专项监督，河道与水设施执法专项整治行动以及区重点渔业乡镇（街道）养殖尾水规范处置、"三无"船舶整治等专项检查与业务指导活动，为持续推进生态文明先行示范贡献检察力量。

▮▮▮ 法律法规依据

1.《中华人民共和国水法》第四十八条第一款 直接从江河、湖泊或者地下取用水资源的单位和个人，应当按照国家取水许可制度和水资源有偿使用制度的规定，向水行政主管部门或者流域管理机构申请领取取水许可证，并缴纳水资源费，取得取水权。但是，家庭生活和零星散养、圈养畜禽饮用等少量取水的除外。

第六十九条 有下列行为之一的，由县级以上人民政府水行政主管部门或者流域管理机构依据职权，责令停止违法行为，限期采取补救措施，处二万元以上十万元以下的罚款；情节严重的，吊销其取水许可证：

（一）未经批准擅自取水的；

（二）未依照批准的取水许可规定条件取水的。

2.《中华人民共和国水污染防治法》第六十五条 禁止在饮用水水源一级保护区内新建、改建、扩建与供水设施和保护水源无关的建设项目；已建成的与供水设施和保护水源无关的建设项目，由县级以上人民政府责令拆除或者关闭。

禁止在饮用水水源一级保护区内从事网箱养殖、旅游、游泳、垂钓或者其他可能污染饮用水水体的活动。

第六十六条 禁止在饮用水水源二级保护区内新建、改建、扩建排放污染物的建设项目；已建成的排放污染物的建设项目，由县级以上人民政府责令拆除或者关闭。

在饮用水水源二级保护区内从事网箱养殖、旅游等活动的，应当按照规定采取措施，防止污染饮用水水体。

第八十四条第一款 在饮用水水源保护区内设置排污口的，由县级以上地方人民政府责令限期拆除，处十万元以上五十万元以下的罚款；逾期不拆除的，强制拆除，所需费用由违法者承担，处五十万元以上一百万元以下的罚款，并可以责令停产整治。

第九十一条第二款 在饮用水水源一级保护区内从事网箱养殖或者组织进行旅游、垂钓或者其他可能污染饮用水水体的活动的，由县级以上地方人民政府环境保护主管部门责令停止违法行为，处二万元以上十万元以下的罚款。个人在饮用水水源一级保护区内游泳、垂钓或者从事其他可能污染饮用水水体的活动的，由县级以上地方人民政府环境保护主管部门责令停止违法行为，可以处五百元以下的罚款。

3.《城镇排水与污水处理条例》第二十一条第一款 从事工业、建筑、餐饮、医疗等活动的企业事业单位、个体工商户向城镇排水设施排放污水的，应当向城镇排水主管部门申请领取污水排入排水管网许可证。城镇排水主管部门应当按照国家有关标准，重点对影响城镇排水与污水处理设施安全运行的事项进行审查。

第五十条第一款 违反本条例规定，排水户未取得污水排入排水管网许可证向城镇排水设施排放污水的，由城镇排水主管部门责令停止违法行为，限期采取治理措施，补办污水排入排水管网许可证，可以处 50 万元以下罚款；造成损失的，依法承担赔偿责任；构成犯罪的，依法追究刑事责任。

4.《城镇污水排入排水管网许可管理办法》**第四条第一款** 城镇排水设施覆盖范围内的排水户应当按照国家有关规定，将污水排入城镇排水设施。排水户向城镇排水设施排放污水，应当按照本办法的规定，申请领取排水许可证。未取得排水许可证，排水户不得向城镇排水设施排放污水。城镇居民排放生活污水不需要申请领取排水许可证。

案件承办人：

桑　涛　孙岳芳　屠亦真（杭州市富阳区人民检察院）

案例撰写人：

屠亦真（杭州市富阳区人民检察院）

责任编辑：

陈　诚（杭州市人民检察院）

小水电站超许可取水整治类案监督

淳安县人民检察院

检察官在开展小水电站超许可用水公益诉讼检察监督专项中，结合实景图研究排查生态流量泄放情况

📊 关键词

行政公益诉讼　小水电站　超许可取水　水资源

📊 要旨

小水电站超许可取水不仅影响人民群众正常生产生活，而且会破坏生态环境。检察机关通过调取分析小水电站近年上网发电量、取水许可证许可取水量、单位电量需水量等数据，将实际用水量与许可用水量进行对比，排查出存在超许可用水的水电站。向水利部门制发行政公益诉讼诉前检察建议，要求其依法履行职责，形成千岛湖生态环境保护合力。

📊 基本情况

淳安县地处杭州市西南部丘陵山区，雨量充沛，河流陡峻，水力资源丰富，是小水电站①分布的重要地区。2020年4月，淳安县人民检察院（以下简称"淳安县院"）在对某小水电站未按审批要求开设泄放孔进行监督时，发现其违反《水法》《取水许可和水资源费征收管理条例》的相关规定，存在超许可取水的问题。2022年6月，淳安县院通过调取小水电站近年上网发电量、取水许可证许可取水量、单位电量需水量等数据，进行数据计算分析。从与案件相关的发电量、用水许可、下泄流量、环评报告等要素入手，梳理数据参数共性，自主构建小水电站超许可用水监督模型。通过上述模型对近三年全县103座水电站进行监督数据归集，排查出部分水电站存在超许可用水的情况。2022年8月，淳安县院依法向相关行政管理机关制发行政公益诉讼诉前检察建议，要求其依法履行职责，对案涉水电站存在超许

---

① 小水电站一般是指装机容量在5万千瓦及以下的水电站。

可取水的情形进行查处。截至 2023 年 5 月，26 家水电站已重新编制水资源论证。

📊 个案线索发现

2020 年 4 月，淳安县院发现杭州某水电开发有限公司所建的某水电站未按审批要求开设泄放孔，生态流量泄放不合规，对下游生态环境造成破坏。对此，淳安县院先后走访了县水利部门、案涉相关乡镇，约谈涉案企业负责人，调取专题会议纪要、群众反映材料以及环评意见等原始证据，进行现场踏勘。经过对证据认真研判，比对其历年发电量，发现某水电站自 2012 年建成后，存在未按取水许可量发电的和存在超许可用水情形，在一定程度影响了沿线村民正常的生产生活用水及周边流域的生态环境。淳安县院在通过履行公益诉讼检察职能，督促追回生态环境补偿资金及国家专项资金共计 400 万余元的基础上，发现超许可取水在当地并非个例，有开展类案监督的必要性和可能性。

📊 数据分析方法

数据来源

1. 全县小水电站名录（源于杭州市生态环境局淳安分局）；

2. 水电站近三年来上网电量（源于国网淳安供电公司）；

3. 水电站取水许可证许可取水量（源于淳安县千岛湖生态综合保护局）；

4. 水电站单位电量需水量（源于淳安县千岛湖生态综合保护局）。

数据分析关键词

小水电站名称、上网电量、单位电量需水量、取水量。

数据分析步骤

第一步：从杭州市生态环境局淳安分局提供的小水电站名录提取出全县小水电站名称。

第二步：根据小水电站名称向国网淳安供电公司调取各小水电站上网电量。

第三步：通过小水电站名称向淳安县千岛湖生态综合保护局调取小水电站的取水许可证取水量。

第四步：将水电站各自的上网电量与单位电量需水量做乘法计算，得出水电站实际取水量。

第五步：将计算所得实际取水量和取水许可证取水量对比。

思维导图

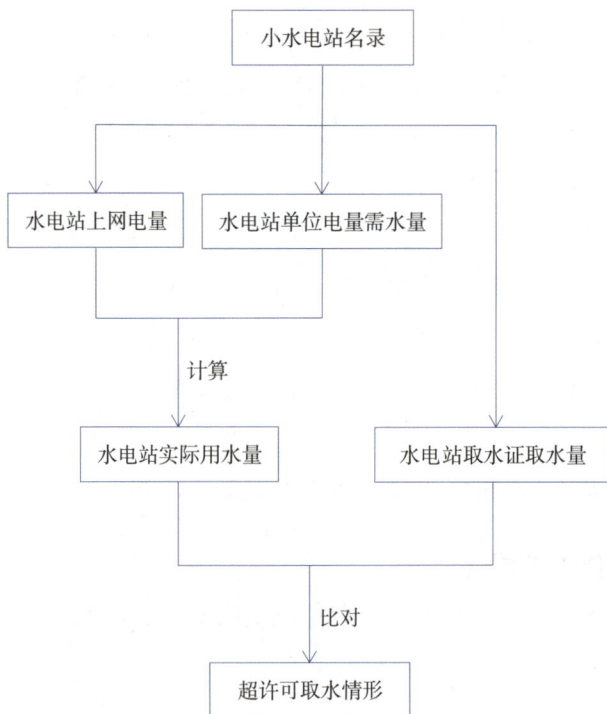

〓. 检察融合监督

公益诉讼检察监督

根据案件办理过程中发现的问题，淳安县院灵活运用多种方式开展检察监督。针对小水电站超许可取水损害社会公共利益的行为，及时通过制发行政公益诉讼诉前检察建议的方式督促相关行政机关依法履职，积极追回生态环境补偿资金及国家专项资金。

行政检察监督

因执法事项划转，水利行业监管与综合行政执法协作配合脱节，某跨流域水电站存在因超许可用水被处罚后仍继续超许可用水的违法情况。淳安县院行政检察部门跟进监督，将线索及超发电量数据反馈相关职能部门，并推动综合行政执法部门与水利部门就水电站执法线索移送标准达成共识。

〓. 社会治理效果

淳安县院向相关行政管理部门制发检察建议并移送线索，建议其依法对上述超许可取水的情况进行查处，责令涉案水电站停止违法行为，约谈负责人限期重新进行水资源论证，根据实际另行申报取水许可，以实现水资源高效合理利用。同时，为促进水电站合理用水和水资源合理开发，减少不利环境影响，针对淳安现有部分水电站水资源论证可进一步精细化的情况，推动 26 家水电站重新编制水资源论证。此外，淳安县院联合水利部门签订了《关于加强水利领域公益诉讼工作协作意见》，建立信息共享、执法司法联动等协作机制，实现监督常态化，形成千岛湖流域水生态综合治理合力。

▮ 办案指引

回顾小水电站超许可取水类案监督，检察机关以数字赋能监督，以公益诉讼推动职能部门共管，以下几点思考可以为检察办案提供参考。

（一）从案件"回头看"到监督模式"再创新"

淳安县院严格依照上级院要求对已办理案件开展"回头看"专项活动，根据不同案件类型，对易复发、难根治的案件开展跟进监督。本案模型构想源于淳安县院多年前办理的一起同类型案件。由于淳安县域小水电站数量众多，且取水又是持续性行为，因此在该案回头看过程中，办案人员发现点对点调查方式费时费力，遂重新审视传统办案模式，探索数字赋能监督。通过走访县水利、环保、电网等众多单位，在上述职能部门的支持下打通数据联结点，建立高效便捷模型，搭建小水电站超许可取水模型，实现监督方式创新。

（二）刚性监督平衡"一代"和"后代"利益

取水许可制度是我国用水管理的基本制度，是国家加强水资源管理的重要措施。作为许可制度的重要内容之一，限定取水量对于协调和平衡水资源供求关系，实现水资源永续利用具有重要作用。小水电站承载着县域经济社会发展和流域环境资源保护的双重功能。淳安县内小水电站数量相对较多，规范小水电站依法合规取水，提升水资源的合理有效利用至关重要。造成超许可取水的原因是多方面的，后续处置也并未采取一刀切的限制方式，而是根据各水电站具体情况，推动重新评估论证，对符合条件的依法重新办理许可。既要坚持千岛湖生态环境综合保护，维护子孙后代利益，又要发挥小水电站最大效用，满足当前生产生活用电，助力实现共同富裕。

（三）数字检察助推"监督"和"执法"大联动

淳安检察面对河流众多，小水电站零散分布在 20 多个乡镇的现实，主动融入共建共治共享社会治理格局，借力数字技术发现行政监管漏洞。通过"水行政执法＋检察公益诉讼"的协同作用，与当地水利部门共同出台《关于加强水利领域公益诉讼工作协作意见》，联合包括水利部门在内的 12 家司法、行政部门共同参与成立千岛湖保护公益诉讼联盟。建立执法司法长效联动机制，形成信息共享、线索移送、生态修复、品牌保护、数字治理及共建共保等 8 个联动机制。实现案件数据和办案信息多跨协同、系统闭环联席会议、案件办理全方位协同监督机制，推动执法司法办案无缝衔接。以检察公益诉讼的监督、支持和法治保障作用，切实形成千岛湖生态环境保护合力。

法律法规依据

1.《中华人民共和国水法》第七条　国家对水资源依法实行取水许可制度和有偿使用制度。但是，农村集体经济组织及其成员使用本集体经济组织的水塘、水库中的水的除外。国务院水行政主管部门负责全国取水许可制度和水资源有偿使用制度的组织实施。

第十二条第四款　县级以上地方人民政府水行政主管部门按照规定的权限，负责本行政区域内水资源的统一管理和监督工作。

第四十八条　直接从江河、湖泊或者地下取用水资源的单位和个人，应当按照国家取水许可制度和水资源有偿使用制度的规定，向水行政主管部门或者流域管理机构申请领取取水许可证，并缴纳水资源费，取得取水权。但是，家庭生活和零星散养、圈养畜禽饮用等少量取水的除外。

实施取水许可制度和征收管理水资源费的具体办法，由国务院规定。

第六十九条　有下列行为之一的，由县级以上人民政府水行政主管部门或者流域管理机构依据职权，责令停止违法行为，限期采取补救措施，处二万元以上十万元以下的罚款；情节严重的，吊销其取水许可证：

（一）未经批准擅自取水的；

（二）未依照批准的取水许可规定条件取水的。

2.《中华人民共和国行政诉讼法》第二十五条第四款　人民检察院

在履行职责中发现生态环境和资源保护、食品药品安全、国有财产保护、国有土地使用权出让等领域负有监督管理职责的行政机关违法行使职权或者不作为，致使国家利益或者社会公共利益受到侵害的，应当向行政机关提出检察建议，督促其依法履行职责。行政机关不依法履行职责的，人民检察院依法向人民法院提起诉讼。

3.**《取水许可和水资源费征收管理条例》第二条**　本条例所称取水，是指利用取水工程或者设施直接从江河、湖泊或者地下取用水资源。

取用水资源的单位和个人，除本条例第四条规定的情形外，都应当申请领取取水许可证，并缴纳水资源费。

本条例所称取水工程或者设施，是指闸、坝、渠道、人工河道、虹吸管、水泵、水井以及水电站等。

第三条第一款　县级以上人民政府水行政主管部门按照分级管理权限，负责取水许可制度的组织实施和监督管理。

第二十四条　取水许可证应当包括下列内容：

（一）取水单位或者个人的名称（姓名）；

（二）取水期限；

（三）取水量和取水用途；

（四）水源类型；

（五）取水、退水地点及退水方式、退水量。

前款第（三）项规定的取水量是在江河、湖泊、地下水多年平均水量情况下允许的取水单位或者个人的最大取水量。

取水许可证由国务院水行政主管部门统一制作，审批机关核发取水许可证只能收取工本费。

第三十八条第一款　县级以上人民政府水行政主管部门或者流域管理机构应当依照本条例规定，加强对取水许可制度实施的监督管理。

第四十八条　未经批准擅自取水，或者未依照批准的取水许可规定条件取水的，依照《中华人民共和国水法》第六十九条规定处罚；给他人造成妨碍或者损失的，应当排除妨碍、赔偿损失。

4.《最高人民法院、最高人民检察院关于检察公益诉讼案件适用法律若干问题的解释》第二十一条　人民检察院在履行职责中发现生态环境和资源保护、食品药品安全、国有财产保护、国有土地使用权出让等领域负有监督管理职责的行政机关违法行使职权或者不作为，致使国家利益或者社会公共利益受到侵害的，应当向行政机关提出检察建议，督促其依法履行职责。

行政机关应当在收到检察建议书之日起两个月内依法履行职责，并书面回复人民检察院。出现国家利益或者社会公共利益损害继续扩大等紧急情形的，行政机关应当在十五日内书面回复。

行政机关不依法履行职责的，人民检察院依法向人民法院提起诉讼。

5.《人民检察院公益诉讼办案规则》第二条　人民检察院办理公益诉讼案件的任务，是通过依法独立行使检察权，督促行政机关依法履行监督管理职责，支持适格主体依法行使公益诉权，维护国家利益和社会公共利益，维护社会公平正义，维护宪法和法律权威，促进国家治理体系和治理能力现代化。

6.《浙江省取水许可和水资源费征收管理办法》第三条　县级以上人民政府水行政主管部门负责取水许可制度的组织实施和监督管理。县级以上人民政府水行政主管部门、财政部门和价格主管部门按照职责分工，负责水资源费的征收、管理和监督。

案件承办人：
裴红霞　洪晓亮（淳安县人民检察院）

案例撰写人：
饶　刚（淳安县人民检察院）

责任编辑：
周秀美（杭州市人民检察院）

网约车监管缺位类案监督

杭州市上城区人民检察院

杭州检察机关会同交通运输、公安交警等职能部门召开网约车新业态治理工作交流会

📊 关键词

网约车　虚增里程　新型诈骗　刑行衔接　民事公益诉讼

📊 要旨

检察机关针对个案办理中发现的网约车司机通过虚增里程实施诈骗的问题线索，及时解构监督要素，建立数字监督模型。以"外接定位修改设备"购买信息、网约车司机注册信息、时速异常订单等为关键要素，通过数据比对碰撞，拓展类案监督线索。针对监督中发现的行业治理乱象，撰写情况反映，推动行业专项治理，出台长效工作机制。针对履职中发现的侵害社会公益现象，注重一体履职，及时移送线索，深化监督成效，以点拓面促推网约车新业态高质量发展。

📊 基本情况

网约车作为互联网经济新业态，对百姓出行便利发挥重要作用，但是部分不法分子瞄准平台监管漏洞，通过修改定位虚增里程，骗取乘客支付额外车费，影响行业健康有序发展。检察机关充分发挥一体化办案的独特优势，组织工作专班，上下联动履职，在做好案件研判分析、提前介入、批捕起诉等工作的基础上，依托数字建模，发现批量监督线索，同步移送公益诉讼检察部门接力监督。同时，针对履职中发现的网约车平台主体责任落实不到位、网约车平台数据信息未完全纳入行业监管等问题，积极撰写专报，推动职能部门出台专项治理方案。检察机关联合交运、公安等召开网约车新业态治理工作交流会，强化刑行衔接、检行协作，从源头斩断网约车黑灰产业链。

📊 个案线索发现

2021 年 1 月 28 日，杭州市公安局交通治安分局接某网约车平台报案后立案侦查。2021 年 4 月 6 日,杭州市人民检察院成立"1·28"网约车司机涉嫌网络犯罪办案专班,杭州市上城区人民检察院(以下简称"上城区院")积极派员参加,并在该专案办理中发现大量网约车司机通过虚增里程实施诈骗的问题线索。通过对线索进行研判分析、推理归纳,发现部分网约车司机利用外接设备、篡改软件实现虚增里程,骗取乘客多支付车费。经进一步深挖彻查,发现"外接定位修改设备"购买人员不仅存在于本市,而且遍及全国各地,并发现存在多个中间倒卖商,已然形成了研发、倒卖、使用为一体的黑灰产业链,有必要开展数字化类案监督治理。

📊 数据分析方法

数据来源

1. 外接定位修改设备在微店、淘宝店铺的销售记录数据(源于公安机关);

2. 全市网约车司机注册人员信息数据(源于杭州市交通运输管理局);

3. 网约车订单数据(源于杭州市交通运输管理局);

4. 已打击处理人员信息(源于该系列专案公安机关统计数据)。

数据分析关键词

在网店"外接定位修改设备"销售记录中以"收货地址"为关键词,检索杭州市辖区的收货人信息,与"杭州市网约车司机注册信息"进行碰撞、比对,梳理出曾购买该设备的网约车司机,调取上述司机网约车平台订单信息,以"里程"和"时速"为关键词筛选可疑订单,进而锁定具有犯罪嫌疑的网约车司机。

数据分析步骤

第一步:从微店、淘宝店铺销售"外接定位修改设备"的销售记录筛查出收货地址为杭州市辖区的销售记录。

第二步：根据上述筛查出来的销售记录，提取其中收货人 / 提货人的手机号码数据并去重。

第三步：将上述收货人手机号码和杭州市注册网约车司机信息数据库数据进行比对，筛查出同一联系手机号码人员作为本案可疑人员。

第四步：调取上述可疑人员的全部网约车平台订单信息数据。根据订单信息中的"里程"数据和"时间"数据，利用浙检数据平台建模，算出每个具体订单的平均时速。

第五步：按照订单"里程"超过 3 千米且平均时速超过 60 千米 / 小时的标准，对上述可疑人员的平台订单进行筛选，筛查出可疑订单。

第六步：根据上述可疑订单对应的接单司机人员信息和杭州市网约车诈骗专案组已打击处理人员信息进行比对，剔除其中已被行政治安处罚和刑事立案人员，最终确定尚未查处的嫌疑司机。

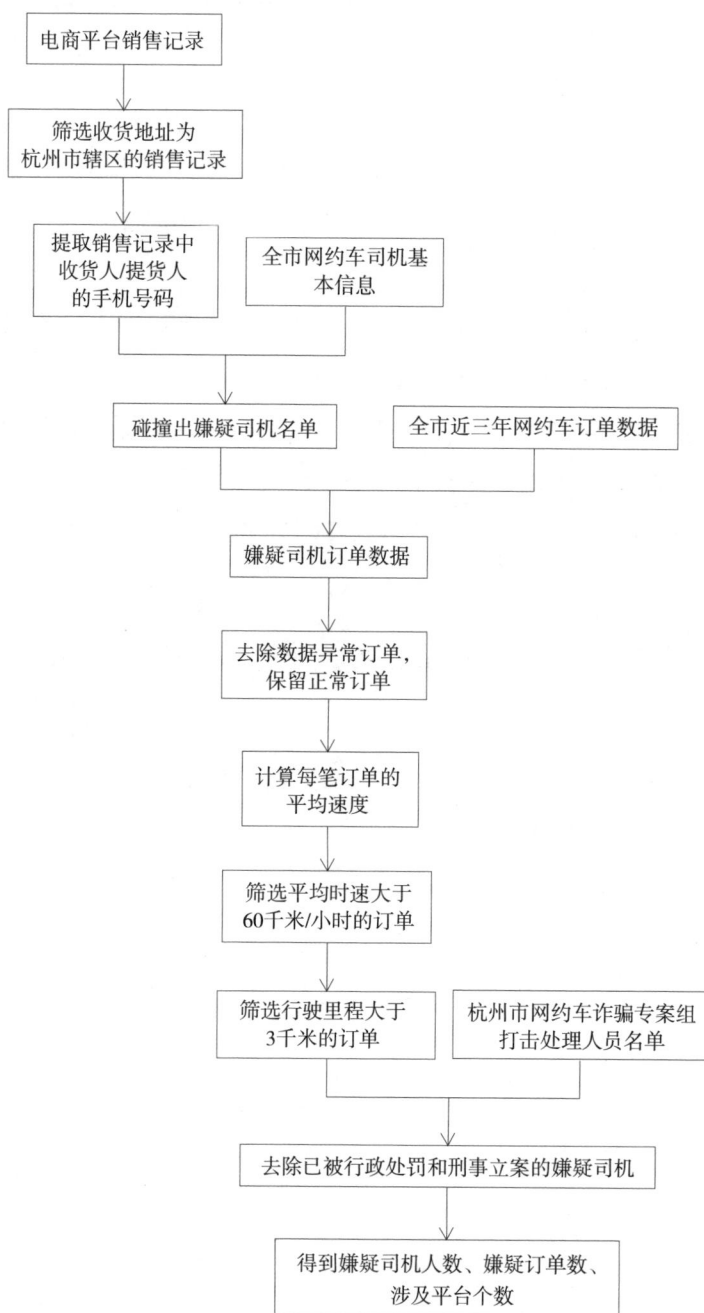

思维导图

```
                    ┌──────────────────┐
                    │  电商平台销售记录  │
                    └──────────────────┘
                             │
                             ▼
                    ┌──────────────────┐
                    │   筛选收货地址为    │
                    │ 杭州市辖区的销售记录 │
                    └──────────────────┘
                             │
                             ▼
            ┌──────────────────┐    ┌──────────────────┐
            │   提取销售记录中   │    │  全市网约车司机基  │
            │  收货人/提货人    │    │    本信息          │
            │   的手机号码       │    └──────────────────┘
            └──────────────────┘
                             │
                             ▼
            ┌──────────────────┐    ┌──────────────────────┐
            │ 碰撞出嫌疑司机名单 │    │  全市近三年网约车订单数据 │
            └──────────────────┘    └──────────────────────┘
                             │
                             ▼
                    ┌──────────────────┐
                    │  嫌疑司机订单数据  │
                    └──────────────────┘
                             │
                             ▼
                    ┌──────────────────┐
                    │  去除数据异常订单,  │
                    │   保留正常订单      │
                    └──────────────────┘
                             │
                             ▼
                    ┌──────────────────┐
                    │  计算每笔订单的    │
                    │    平均速度        │
                    └──────────────────┘
                             │
                             ▼
                    ┌──────────────────┐
                    │  筛选平均时速大于   │
                    │ 60千米/小时的订单  │
                    └──────────────────┘
                             │
                             ▼
            ┌──────────────────┐    ┌──────────────────────┐
            │  筛选行驶里程大于   │    │  杭州市网约车诈骗专案组 │
            │   3千米的订单      │    │   打击处理人员名单      │
            └──────────────────┘    └──────────────────────┘
                             │
                             ▼
            ┌────────────────────────────────┐
            │  去除已被行政处罚和刑事立案的嫌疑司机  │
            └────────────────────────────────┘
                             │
                             ▼
            ┌────────────────────────────────┐
            │  得到嫌疑司机人数、嫌疑订单数、      │
            │      涉及平台个数                  │
            └────────────────────────────────┘
```

检察融合监督

刑事检察监督

上城区院对调取的 11386 条"外接定位修改设备"网店购买记录，与网约车注册司机数据进行比对，精准锁定网约车司机 60 名。调取上述网约车司机订单，对其中杭州市区内平均时速为 60 千米 / 小时至 200 千米 / 小时的 2400 余条异常网约车订单信息进行建模分析、筛查，初步发现违法犯罪线索共 45 条。其中，涉嫌诈骗罪线索 9 条，涉嫌诈骗违法活动线索 36 条，后将上述线索依法移送公安机关。截至 2023 年 5 月，公安机关针对其中的 9 条涉诈骗罪线索进行初查后刑事立案 8 件。同时，将调查数据扩展至宁波、温州、台州、嘉兴等地，共发现 280 余名购买修改定位设备的网约车司机，后续将根据监督模型筛查出违法犯罪线索移送公安机关办理。

公益诉讼检察监督

针对履职中发现的部分网约车平台存在管理责任未落实、数据信息未完全纳入行业监管的情况，公益诉讼检察部门持续跟进调查，形成调查报告，拟向网约车平台发出民事公益诉讼检察建议，依法督促整改。

社会治理成效

针对办案中发现的虚增里程扰乱网约车市场秩序、作弊工具难以溯源打击、网约车平台主体责任不到位等问题，上城区院积极撰写专报反映情况，并推动浙江省交通运输厅在全省范围内开展网约车行业专项治理行动。同时，省、市、区三级检察院会同交通运输、公安交警等职能部门召开网约车新业态治理工作交流会，形成"行政 + 司法""共商 + 共治"推进网约车新业态高水平治理的共识，健全"发现问题、协同治理、整改落地"的全链条联动治理机制。2023 年以来，行政主管部门未接到此类投诉，公安机关未接到此类报案，监控模型亦未发现新增异常线索，全市网约车虚增里程骗取车费情况治理初见成效。

📊 办案指引

（一）个案办理提炼共性特点

数字赋能监督的关键之钥，在于通过个案办理的解构，架起类案监督的"桥梁"。上城区院通过对俞某某等人涉嫌提供侵入、非法控制计算机信息系统程序、工具罪这一个案的办理，敏锐捕捉到"外接定位修改设备"被部分网约车司机用于诈骗乘客车费的类案问题。在开展数字检察监督的过程中，深度聚焦涉嫌虚增里程的诈骗司机可能会有购买"外接定位修改设备"记录、网约车订单中存在市区内超过 60 千米 / 小时的异常时速、以"集团客户"或远距离行程客户为主要目标等共性特点，并进一步提炼出监督要素。

（二）类案监督助推刑行衔接

深度挖掘数据价值，让数据"开口说话"。检察机关从职能部门获取网约车订单数据，再结合调取的作案设备销售记录数据，搭建数字监督模型，以预估金额、实收金额、行车时速为数据检索的关键节点进行分析、筛查，高效精准锁定具有违法犯罪嫌疑的网约车司机，将上述违法犯罪线索依法移送给公安机关并引导侦查、督促查处。此后，通过公安机关的行政处罚和刑事立案侦查，打造刑行衔接监督闭环，稳步推进网约车领域违法犯罪行为的防控和打击。

（三）系统治理反哺数据共享

从"单兵作战"向"协同作战"迈进，是"数字赋能监督，监督促进治理"的应然之义。检察机关积极争取相关职能部门的理解和支持，从行政主管部门获取数据搭建监督模型，再将监督模型中反馈的异常情况线索移交给行政主管部门和侦查机关。行政主管部门和侦查机关通过上述线索的核查和跟进办理，稳步提升行业监管和治理水平。上城区院在浙江省、杭州市检察院的支持下，按照"共商＋共治"的治理思路，与主管部门携手构建"检察机关介入、交通公安联动"的"双向奔赴"管理创新模式，形成了"发现问题、协同治理、整改落地"的全链条联勤联动机制，推进常态数据共享、联动执法。

（四）刑民融合提升治理效果

检察机关通过内部接续监督，以"刑事＋公益"合力，为涉案企业打上合规"补丁"。上城区院刑事检察部门将案件线索移送公益诉讼检察部门，就网约车平台责任落实问题开展调查核实，并约谈涉案网约车平台。在此基础上，依法向涉案网约车平台制发民事诉前检察建议，进一步压实平台主体责任，补齐网约车监管短板，有效提升行业合规运行水平。

▕▊▎ 法律法规依据

1.《中华人民共和国刑法》第二百六十六条 诈骗公私财物，数额较大的，处三年以下有期徒刑、拘役或者管制，并处或者单处罚金；数额巨大或者有其他严重情节的，处三年以上十年以下有期徒刑，并处罚金；数额特别巨大或者有其他特别严重情节的，处十年以上有期徒刑或者无期徒刑，并处罚金或者没收财产。

第二百八十五条 违反国家规定，侵入国家事务、国防建设、尖端科学技术领域的计算机信息系统的，处三年以下有期徒刑或者拘役。

违反国家规定，侵入前款规定以外的计算机信息系统或者采用其他技术手段，获取该计算机信息系统中存储、处理或者传输的数据，或者对该计算机信息系统实施非法控制，情节严重的，处三年以下有期徒刑或者拘役，并处或者单处罚金；情节特别严重的，处三年以上七年以下有期徒刑，并处罚金。

提供专门用于侵入、非法控制计算机信息系统的程序、工具，或者明知他人实施侵入、非法控制计算机信息系统的违法犯罪行为而为其提供程序、工具，情节严重的，依照前款的规定处罚。

单位犯前三款罪的，对单位判处罚金，并对直接负责的主管人员和其他直接责任人员，依照各该款的规定处罚。

2.《中华人民共和国民法典》第八百一十一条　承运人应当在约定期限或者合理期限内将旅客、货物安全运输到约定地点。

3.《中华人民共和国电子商务法》第三十条　电子商务平台经营者应当采取技术措施和其他必要措施保证其网络安全、稳定运行，防范网络违法犯罪活动，有效应对网络安全事件，保障电子商务交易安全。

电子商务平台经营者应当制定网络安全事件应急预案，发生网络安全事件时，应当立即启动应急预案，采取相应的补救措施，并向有关主管部门报告。

4.《网络预约出租汽车经营服务管理暂行办法》第二十五条　网约车平台公司和驾驶员提供经营服务应当符合国家有关运营服务标准，不得途中甩客或者故意绕道行驶，不得违规收费，不得对举报、投诉其服务质量或者对其服务作出不满意评价的乘客实施报复行为。

案件承办人：

江波均　潘颖颖（杭州市上城区人民检察院）

案例撰写人：

潘颖颖（杭州市上城区人民检察院）

责任编辑：

史笑晓（杭州市人民检察院）

谢　凯（桐庐县人民检察院）

特种作业领域行刑共治融合监督

杭州市上城区人民检察院

上城区检察院从个案办理中敏锐发现特种作业领域监管漏洞，利用多渠道数据建立数字模型

📊 关键词

特种作业　融合监督　行刑共治

📊 要旨

检察机关立足本地实际，开创性探索特种作业领域规范化治理、数字化监督路径，发现多个监督线索，在刑事、公益诉讼等领域有效成案。将监督范围从一地扩大到全市后，又与应急管理部门建立特种作业领域综合治理常态化协作，推动职能部门开展专项整治行动，努力从源头化解生产安全风险，取得监督治理实效。

📊 基本情况

特种作业是指容易发生人员伤亡事故，对操作者本人、他人的生命健康及周围设施的安全可能造成重大危害的作业，其专业性强、涉及人员广，是安全生产的重要领域。杭州市上城区人民检察院（以下简称"上城区院"）在办案中发现，由于传统监督手段有限、行刑衔接不畅等因素，伪造证件、违规持证、无证作业等现象在特种作业领域时有发生，存在安全生产隐患。办案人员从个案入手，从应急管理部门调取特种作业人员名单，与上级检察机关联动获取涉刑事犯罪和行政违法人员数据。通过刑事、行政、公益诉讼检察融合履职，持续发现涉特种作业及行政监管领域的批量违法犯罪线索。上城区院先后移送三批线索，移送范围已从本辖区扩大至全市，通过监督行政执法机关移送刑事立案、移送公益诉讼线索实现检察综合履职，有效促进特种作业领域溯源治理。

📊 个案线索发现

2022年4月，上城区院通过行刑衔接工作机制，接受应急管理部门移送的杨某某伪造高压电工特种作业证上岗的相关线索。经审查发现，杨某某伪造证件的动机系因临近法定退休年龄无从业资格，为此通过网络联系外省制假团伙有偿制作虚假的特种作业证，并提交其从业单位存档备案。上城区院遂建议应急管理部门移送公安机关立案侦查。通过进一步开展专题调研，发现特种作业领域在发证、复审、从业备档等流程上存在漏洞，易滋生挂证、冒证、无证从业等违法犯罪行为。杨某某的情况并非个案，有必要进一步开展类案监督。

数据分析方法

数据来源

1.特种作业持证人员数据库（源于应急管理部门）；

2.缴纳社保人员数据库、行政处罚人员数据库（源于杭州市数据资源管理局）；

3.刑事处罚人员数据库（源于浙江省人民检察院数据应用平台及杭州市数据资源管理局）。

数据分析关键词

以"年龄""持证类型""所在单位""缴纳社保辖区""行政处罚行为""刑事案由"等作为关键字段，从应急、公安、社保等多个行政机关调取初始数据，并以上述关键字段进行二次加工，通过不同的函数运算法则得到需要排查的风险人员的年龄、辖区等关键字段。

数据分析步骤

第一步：将特种作业持证人员数据、缴纳社保人员数据、刑事判决数据、行政处罚数据进行筛选、清洗和整理，形成基础数据库。

第二步：将特种作业人员数据与缴纳社保人员数据以"证件号码"为关键词进行碰撞，从而得到目前未缴纳社保的特种作业持证人员名单、可能在岗的特种作业持证人员名单及其所在公司。

第三步：以法定退休年龄、特种作业证未过复审期限等为单一或多重过滤条件进行再次筛查，输出不符合从业年龄条件且未到复审期限的无社保特种作业持证人员名单和不符合从业年龄条件但仍可能持证上岗的人员名单。

第四步：分别以特定刑事罪名或行政处罚事由为过滤条件（危险作业罪等危害公共安全刑事罪名、违章作业或安全生产违法行为等行政处罚），将刑事判决人员数据、行政处罚人员数据进行过滤，输出有特定行政违法或刑事前科的人员名单。

第五步：将第二步与第四步得到的人员名单以"证件号码"进行碰撞，筛查得到有特定行政违法或刑事前科但可能在岗的特种作业持证人员名单及其所在公司。

第六步：对上述第三步、第五步得到的人员名单进行整合，最后得到高风险特种作业持证人员数据。

思维导图

```
┌──────────────┐ ┌─────────────────┐ ┌──────────────┐ ┌──────────────┐
│缴纳社保人员库数据│ │特种作业持证人员库数据│ │行政处罚人员库数据│ │刑事处罚人员库数据│
└──────┬───────┘ └────────┬────────┘ └──────┬───────┘ └──────┬───────┘
```

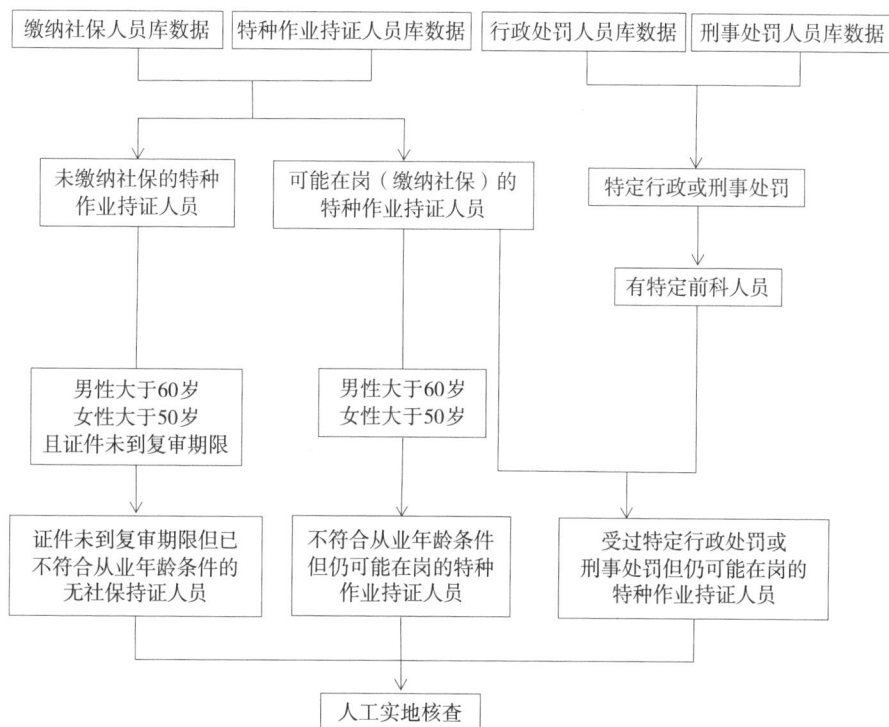

```
┌──────────────┐   ┌─────────────────┐         ┌──────────────┐
│未缴纳社保的特种 │   │可能在岗（缴纳社保）的│        │特定行政或刑事处罚│
│作业持证人员    │   │特种作业持证人员    │        └──────┬───────┘
└──────┬───────┘   └────────┬────────┘                │
                                                ┌──────────────┐
                                                │有特定前科人员  │
                                                └──────┬───────┘

┌──────────────┐   ┌─────────────────┐
│男性大于60岁    │   │男性大于60岁       │
│女性大于50岁    │   │女性大于50岁       │
│且证件未到复审期限│   └────────┬────────┘
└──────┬───────┘

┌──────────────┐   ┌─────────────────┐   ┌──────────────┐
│证件未到复审期限但已│ │不符合从业年龄条件  │   │受过特定行政处罚或 │
│不符合从业年龄条件的│ │但仍可能在岗的特种  │   │刑事处罚但仍可能在岗的│
│无社保持证人员   │   │作业持证人员      │   │特种作业持证人员  │
└──────────────┘   └─────────────────┘   └──────────────┘

                    ┌──────────────┐
                    │人工实地核查    │
                    └──────────────┘
```

▐▌▍ 检察融合监督

上城区院从个案办理中敏锐发现特种作业领域监管漏洞，利用多渠道数据建立数字模型，以数据分析结合实地调查摸排线索，持续发现批量高风险人员，通过监督刑事立案、移送公益诉讼立案等措施，助力打击违法犯罪、保护社会公共利益。

刑事检察监督

上城区院通过模型得到了特种作业领域违规违法线索，在与应急管理部门的联合行动中，发现 2 起无特种作业从业资格人员分别伪造焊接与热切割作业证以及高压电工作业证的行为。上城区院将相关线索移送公安机关后，刑事立案 2 件 2 人。后该模型在全市范围内推广，2023 年 3 月中旬，通过调取全市范围内的最新数据 58700 余条，运行监督模型得到新线索 700 余条，并将上述线索发至各辖区检察机关，有序开展核查工作，针对已查处的相关违法犯罪行为移送立案。截至 2023 年 6 月，全市检察机关根据模型得出的线索刑事立案监督 2 件，监督行政执法机关移送刑事立案 7 件。

公益诉讼检察监督

上城区院通过实地走访、调阅档案、制作笔录等方式，发现部分特种作业人员未及时复审导致证件超期，因职能部门未履行特种作业准入监管职责，致使社会公共利益受到侵害，现已向职能部门提出磋商建议并得到书面回复。截至 2023 年 6 月，全市检察机关移送公益诉讼线索成案 2 件。

▎ 社会治理成效

以办案为契机，上城区院不定期与辖区职能部门联合行动，起草上城区《安全生产专项白皮书》，进一步排查特种作业高风险人员、公司。

在此基础上，杭州市人民检察院、杭州市应急管理局共同印发了《关于进一步加强杭州市特种作业领域综合治理工作的协作意见（试行）》，杭州市安全生产委员会办公室在全市范围内开展电焊气割作业专项整治行动，进一步加强了全市特种作业领域综合治理工作，为防范化解特种作业领域安全生产风险提供了有力保障。

▎ 办案指引

通过建立和运行特种作业领域行刑共治大数据法律监督模型，对模型筛查线索进行实地核查，进而办理涉特种作业领域监督类案，其实际办案经验值得总结，以期运用到今后的类案监督中。

（一）依托数字平台，创建模型提质增效

特种作业领域涉及问题多、人员广、情况杂，导致传统监督方式存在局限性。上城区院深度融合新时代检察工作与数字化改革，利用上级院数字应用平台，突破数据壁垒。一是以数据整合为基础。本模型所需数据类型多、获取渠道繁杂，通过上级院所建立平台，积极搭建涵盖各类大数据的"快速通道"。二是以数据准确为前提。根据情况实时获取、更新数据，确保运行结果的精准和真实。三是以数据实效为关键。模型运行前经过数据清洗、计算、运用等环节，从平台获取的数据经过处理可直接导入建模中心，简化编程步骤，提升建模效率。

（二）点面融合办案，拓展类案监督场域

行政执法和刑事司法的有效衔接，是依法行政和公正司法的保障，更是全面依法治国的内在要求。实践中，上城区院利用特种作业领域大数据融合碰撞研判，形成刑事个案成果后，以个案为突破口拓展监督的领域和空间，实现类案融合监督效果。行政检察部门通过刑事检察部门移送的案件线索，及时与行政监管机构加强沟通联系，公益诉讼检察部门向行政监管机构发送检察磋商函，获得了积极回应。此后，检察机关又将特种作业领域监督范围从上城区扩大到全市，在全市开展安全生产领域特种作业证数字化监督专项活动，利用大数据建模的方式，有效拓展同类型刑行融合法律监督的场域。

（三）聚焦协作多赢，共促市域协同治理

大数据法律监督作为一项系统集成、整体重塑的法律监督理念和模式变革，是检察机关融入国家治理体系和治理能力现代化的现实需要。特种作业领域法律监督模型以数字赋能为支撑，各部门高效协同，推动辖区加强特种作业领域安全生产的监管力度，形成多方共赢的治理合力。上城区院利用落实最高人民检察院"八号检察建议"契机，推动市、区两级检察机关与行政监管部门签订多份协作机制，对涉刑事司法的工作细化职责分工，明确范围和程序，优化协作机制，为后续工作开展奠定基础。而后，上城区院与应急管理部门通力协作，通过阅卷审查、调查走访相关企业和作业人员、联合检查等多种方式开展核查工作，督促涉特种作业企业切实履行主体责任。通过进一步厘清特种作业领域的工作短板、潜在隐患、法律适用等问题，共同完善特种作业领域监督管理体系，共促源头治理。

📊 法律法规依据

1.《中华人民共和国安全生产法》第三十条第一款　生产经营单位的特种作业人员必须按照国家有关规定经专门的安全作业培训，取得相应资格，方可上岗作业。

2.《中华人民共和国刑法》第二百八十条第一款　伪造、变造、买卖或者盗窃、抢夺、毁灭国家机关的公文、证件、印章的，处三年以下有期徒刑、拘役、管制或者剥夺政治权利，并处罚金；情节严重的，处三年以上十年以下有期徒刑，并处罚金。

3.《特种作业人员安全技术培训考核管理规定》第四条第一款第一项　特种作业人员应当符合下列条件：

（一）年满 18 周岁，且不超过国家法定退休年龄。

第五条　特种作业人员必须经专门的安全技术培训并考核合格，取得《中华人民共和国特种作业操作证》（以下简称特种作业操作证）后，方可上岗作业。

第二十五条　特种作业人员有下列情形之一的，复审或者延期复审不予通过：

（一）健康体检不合格的；

（二）违章操作造成严重后果或者有 2 次以上违章行为，并经查证确实的；

（三）有安全生产违法行为，并给予行政处罚的；

（四）拒绝、阻碍安全生产监管监察部门监督检查的；

（五）未按规定参加安全培训，或者考试不合格的；

（六）具有本规定第三十条、第三十一条规定情形的。

第三十条第一款 有下列情形之一的，考核发证机关应当撤销特种作业操作证：

（一）超过特种作业操作证有效期未延期复审的；

（二）特种作业人员的身体条件已不适合继续从事特种作业的；

（三）对发生生产安全事故负有责任的；

（四）特种作业操作证记载虚假信息的；

（五）以欺骗、贿赂等不正当手段取得特种作业操作证的。

特种作业人员违反前款第（四）项、第（五）项规定的，3 年内不得再次申请特种作业操作证。

案件承办人：

王　夷　丁海英　李铸峰（杭州市上城区人民检察院）

案例撰写人：

李铸峰（杭州市上城区人民检察院）

责任编辑：

董　彬（杭州市人民检察院）

特定行业准入类案监督

杭州市余杭区人民检察院

▮▮▮ 关键词

特定行业从业限制　行政公益诉讼　社会治理

▮▮▮ 要旨

从业限制有助于维护公平竞争的市场秩序，依法保障特殊群体合法权益。检察机关深化创新能动履职，依托"四大检察"融合监督，全面归集法律法规中的行业准入禁止性、限制性规定，精准发现多个行业准入监管漏洞。通过数据归集、碰撞、筛查，以数字赋能类案监督，推动职能部门加强行业准入监管，并点面结合建立长效机制，促进社会治理。

▮▮▮ 基本情况

杭州市余杭区人民检察院（以下简称"余杭区院"）在履职中发现销售不符合安全标准的食品犯罪人员未被纳入浙江省食品安全严重失信者名单的个案线索。虽然法律明确规定了准入禁止限制等情形，但实践中由于信息不对称导致存在监管漏洞。经梳理全国检察业务应用系统2.0、刑事裁判文书、行政处罚文书和行业从业人员等各项数据，并进一步碰撞、筛查，余杭区院发现辖区内从事医疗卫生、食品药品、交通运输、教育培训、养老服务的行业从业者中，有相当数量法律明确禁止准入的刑事犯罪前科人员。在此基础上，余杭区院强化融合履职，通过公益诉讼磋商程序督促相关部门整改落实、堵塞漏洞，同步自主研发"特定行业准入"数字系统，构建跨政法、行政执法部门的从业限制查询平台，联合多部门建章立制，以数字赋能检察监督守护公益、促进治理。

▮▮▮ 个案线索发现

2020 年，余杭区院在办案中发现，张某某等人销售国家明令禁止销售、未经检验检疫不符合食品安全标准的印度牛肉，以销售不符合安全标准的食品罪被判处有期徒刑后，却没有按照规定被纳入浙江省食品安全严重失信者名单。余杭区院通过公益诉讼磋商程序督促市场监管部门落实食品行业从业限制制度。与此类似的还有，关某某在被确诊为艾滋病病毒携带者、因犯销售假药罪被判处缓刑后，不仅未被依法注销医师执业证，反而通过了医师执业变更注册申请，继续从事医疗美容（外科）行业，存在较大疾病传播风险，余杭区院遂督促卫生行政部门依法注销关某某的医师执业证书。

国家对特定行业准入有明文规定，具有禁止进入情形的人员从事特定行业，会造成不确定的安全隐患。但在执法过程中，行政机关与司法机关之间缺少犯罪人员信息互通。余杭区院分析研判后认为，此类因数据孤岛引发的问题，极有可能还存在其他行业的监管中，有必要开展大数据法律监督。

📊 数据分析方法

数据来源

1. 刑事生效裁判数据（源于全国检察业务应用系统 2.0）；

2. 执业医师数据（源于卫健部门）；

3. 执业药师数据、食品行业从业人员数据（源于市场监管部门）；

4. 道路交通从业人员数据（源于交通运输部门）；

5. 教育机构从业人员数据（源于教育部门）；

6. 养老机构从业人员数据（源于民政部门）。

数据分析关键词

1. 医疗卫生行业、药品行业和养老服务行业："受到刑事处罚""刑罚执行完毕之日""不满三年""申请注册日期"等；

2. 食品行业："生产、销售不符合安全标准的食品罪""生产、销售

有毒、有害食品罪""有期徒刑"等;

3. 交通运输行业:"故意杀人""故意伤害""抢劫罪""强奸罪""交通肇事罪""危险驾驶罪"等暴力犯罪和危害公共安全犯罪罪名;

4. 教育培训行业:"剥夺政治权利""有期徒刑"和所有故意犯罪罪名。

数据分析步骤

第一步:将医疗卫生、食品药品、道路运输、教育培训、养老服务五大行业的从业人员数据与全国检察业务应用系统 2.0 内的刑事生效裁判数据进行比对,得出各行业有犯罪记录的人员数据。

第二步:依照每个行业的特定关键词与各行业有犯罪记录的人员涉及的刑事罪名、判决刑种、刑罚执行完毕日期等进行比对,得出具有行业限制准入情形的人员数据。

第三步:通过"特定行业准入数字系统"将具有行业限制人员数据实时推送给负有行业监管职责的行政机关。

思维导图

1. 医疗卫生行业

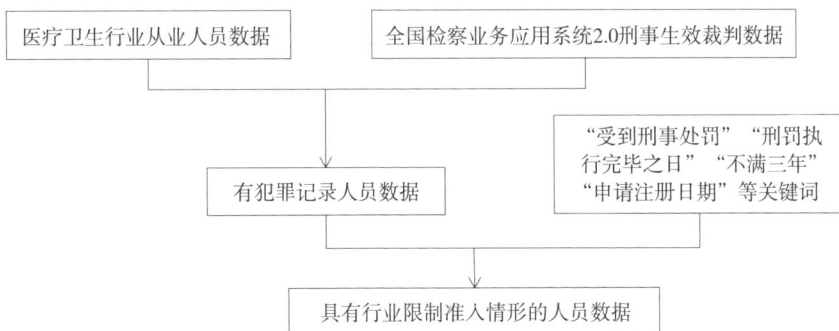

2. 食品药品行业

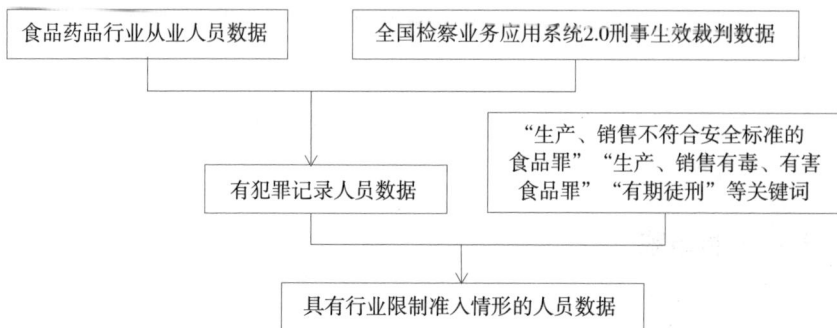

```
┌─────────────────────────┐        ┌──────────────────────────────────┐
│ 食品药品行业从业人员数据 │        │ 全国检察业务应用系统2.0刑事生效裁判数据 │
└─────────────────────────┘        └──────────────────────────────────┘
                                              ┌──────────────────────────────┐
                                              │ "生产、销售不符合安全标准的   │
                                              │ 食品罪""生产、销售有毒、有害   │
              ┌──────────────────┐            │ 食品罪""有期徒刑"等关键词      │
              │ 有犯罪记录人员数据 │            └──────────────────────────────┘
              └──────────────────┘

              ┌────────────────────────────┐
              │ 具有行业限制准入情形的人员数据 │
              └────────────────────────────┘
```

3. 道路运输行业

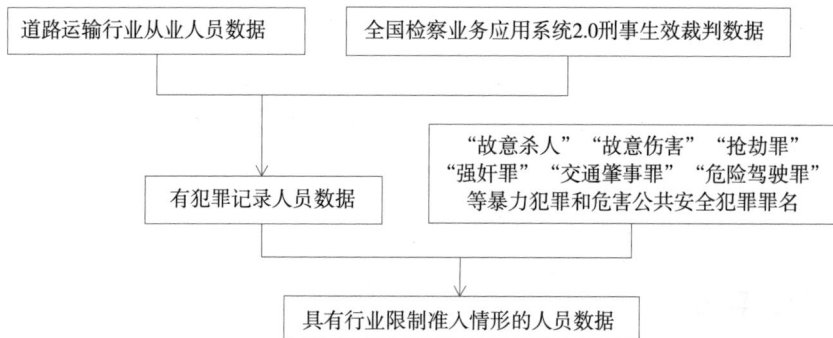

```
┌─────────────────────────┐        ┌──────────────────────────────────┐
│ 道路运输行业从业人员数据 │        │ 全国检察业务应用系统2.0刑事生效裁判数据 │
└─────────────────────────┘        └──────────────────────────────────┘
                                              ┌──────────────────────────────┐
                                              │ "故意杀人""故意伤害""抢劫罪"  │
                                              │ "强奸罪""交通肇事罪""危险驾驶罪"│
              ┌──────────────────┐            │ 等暴力犯罪和危害公共安全犯罪罪名 │
              │ 有犯罪记录人员数据 │            └──────────────────────────────┘
              └──────────────────┘

              ┌────────────────────────────┐
              │ 具有行业限制准入情形的人员数据 │
              └────────────────────────────┘
```

4. 教育培训行业

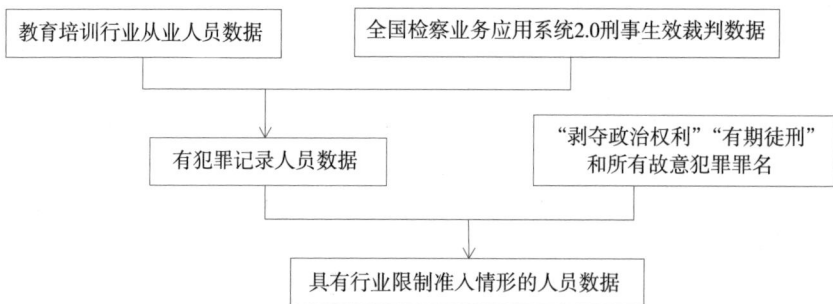

```
┌─────────────────────────┐        ┌──────────────────────────────────┐
│ 教育培训行业从业人员数据 │        │ 全国检察业务应用系统2.0刑事生效裁判数据 │
└─────────────────────────┘        └──────────────────────────────────┘
                                              ┌──────────────────────────────┐
                                              │ "剥夺政治权利""有期徒刑"      │
              ┌──────────────────┐            │ 和所有故意犯罪罪名            │
              │ 有犯罪记录人员数据 │            └──────────────────────────────┘
              └──────────────────┘

              ┌────────────────────────────┐
              │ 具有行业限制准入情形的人员数据 │
              └────────────────────────────┘
```

5. 养老服务行业

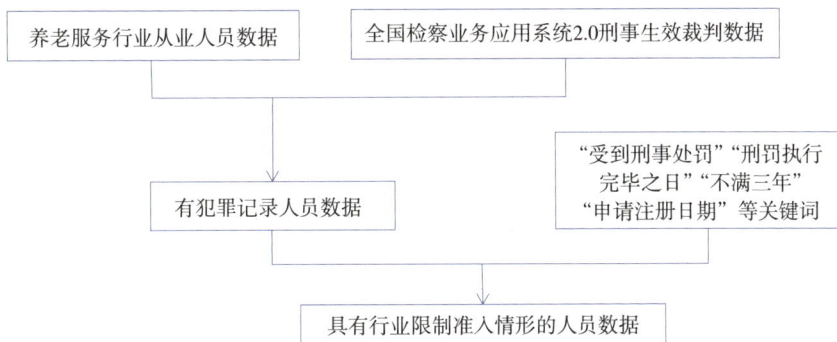

```
┌──────────────────────────┐   ┌──────────────────────────────────┐
│ 养老服务行业从业人员数据 │   │ 全国检察业务应用系统2.0刑事生效裁判数据 │
└──────────────────────────┘   └──────────────────────────────────┘
                                          │
                                  ┌──────────────────────────────┐
                                  │ "受到刑事处罚""刑罚执行        │
                                  │ 完毕之日""不满三年"          │
                                  │ "申请注册日期"等关键词        │
                                  └──────────────────────────────┘
        ┌──────────────────────┐
        │ 有犯罪记录人员数据    │
        └──────────────────────┘
                    │
        ┌──────────────────────────────────┐
        │ 具有行业限制准入情形的人员数据    │
        └──────────────────────────────────┘
```

检察融合监督

余杭区院根据个案的不同情形，分类采取制发行政公益诉讼诉前检察建议、磋商、移送线索函等方式，督促行政机关积极履职，有效堵塞监管漏洞，共同维护社会公共利益。在医疗卫生、食品药品、道路运输、教育培训、养老服务五大社会公益领域 5 万余名从业人员中，发现犯罪记录 200 余条，具有从业限制情形即"红码"人员 32 人，涉及出租汽车驾驶员 23 人、执业药师 5 人、执业医师 1 人、教师 3 人，已分别推送卫生行政部门、市场监管部门、交通运输管理部门和教育行政部门。截至 2023 年 5 月，已有 1 名执业医师、4 名执业药师被注销登记，3 名校外培训机构负责人被责令限期整改，24 人移交属地行政机关依法处理。

该数字应用场景在全市推广后，进一步从全市 44.8 万从业人员中筛选出包括教师、医师、网约车司机在内的"禁入者"118 名，均由检察机关通过行政公益诉讼诉前检察建议或者磋商形式，督促行政机关依法作出撤销资质等处理。

📊 社会治理成效

推动建章立制

在前述办案的基础上，余杭区院联合相关职能部门出台关于强化特定行业准入管理机制的意见，实现跨部门线索移送管理、部门内流程跟踪、线索处置闭环等，及时发现和处置民生公益领域行业准入风险隐患，维护社会公益。同时，通过对在某一行业、某一时间段、某一经营主体发现的从业限制情形等进行多维度数据分析，为党委政府提供精准的意见建议，进一步压实行业监管部门的责任，助力提升社会治理能级。

迭代应用场景

余杭区院从单个行业的个案入手，用好用活数据，推动建立特定行业从业限制查询平台，目前系统已在"浙里办"上线试运行，向社会提供方便快捷且具有公信力的入职查询平台，推动"最多跑一次"向"一次不用跑"迭代。与此同时，通过大数据智能分析，将传统"人在看"转变为"云在算"，整体推动执法司法前伸至犯罪预防、行业净化、服务民生等社会综治领域，实现对存量从业人员和增量新入行人员的常态化、动态化、精细化、长效化监管，有效落实特定行业从业禁止限制制度。

📊 办案指引

余杭区院开展的"特定行业准入"大数据法律监督，聚焦民生这一"国之大者"，用活数字检察这一监督利器，有效发现特定行业从业限制领域存在的监管漏洞，推动解决了人民群众反映强烈的痛点难点问题，切实将检察公益诉讼制度优势充分转化为基层治理效能。

（一）个案线索揭示行业监管漏洞

余杭区院在办案中先后发现食品经营、医疗美容、网约车等行业均有从业人员违反法律禁业规定的情形。经进一步深入分析，发现虽然法律法规中对于食品生产经营、执业医师、网约车等行业均明确规定了禁入或限制准入的情形，但是行政监管却往往难以发挥实效。究其原因，一是行政机关在首次办理从业人员资格审查时，并未明确要求申请人提交无犯罪记录证明等材料，一般只作书面审查即可通过；二是行政机关与司法机关之间并未建立犯罪人员信息查询机制，无从查询申请人的违法犯罪记录；三是有的刑事案件线索虽然系行政机关先行发现，但司法机关不会将裁判文书送达行政机关，行政机关一般也不会主动查询裁判结果。综上，信息不对称和行政监管乏力，造成行业准入制度形同虚设，无法有效杜绝违法犯罪人员再次进入相关领域，存在严重安全隐患。如何通过检察监督职能实现从业限制制度的有效落实？如何打破数据孤岛实现对从业人员的动态监管？如何堵塞行政监管缺失的漏洞，促进行业从业的常态有效监管？上述命题为后续检察履职指明了方向。

（二）问题靶向催生数字系统研发

现有从业限制制度存在三大难点：一是入职查询难。特定行业从业人员的法律适格性审查缺少具有公信力的查询平台，部分用人企业不了解从业限制的具体规定。二是在职管控难。行政主管部门无法对特定行业从业人员违规进入、非法持证等异常情形进行动态监控，在行业监管及从业人员的外防内控上存在薄弱环节。三是数据共享难。司法机关和行政机关之间存在数据壁垒，无法形成数据互通，进而实现对从业人员的实时监督。上述难点问题延伸出对应的三大需求，即方便群众进行入职查询，从"最多跑一地"到"一地不用跑"的需求；企业提升依法合规经营管理水平，防范合规风险，保障企业持续健康发展的需求；行政机关依法行使职权，维护国家和社会公共利益的需求。对此，余杭区院探索研发数字系统，便利多方使用，具体如下：一是建立和维护相关违法犯罪人员数据库，向社会公众提供本人特定行业从业查询赋码入口，同时向用人单位提供核码验证通道，以减少用工风险。二是建立"内跑"系统，打通行政管理部门和司法机关数据，对从业人员实行法律法规适格性审查，实现精准筛查和动态管控。三是构建数据驾驶舱，利用大数据分析技术，明晰行政主管部门及相关企业的管理薄弱点，提供有效建议促使管理制度落实落地。

（三）数字监管助力完善社会治理

余杭区院坚持司法为民、公益为民，从与人民群众切身利益息息相关的领域中选取了医疗卫生、食品药品、道路交通、教育培训、养老服务五大社会公益领域，并逐一走访相关职能部门，了解行业情况，寻求治理共识。在此基础上，通过系统对接和集成，跨政法各单位和行政执法各部门的从业限制查询平台即"特定行业准入"数字系统正式构建。对前述五大公益领域的从业人员进行"红黄蓝"三色赋码管理，其中红色代表终身禁入，黄色代表尚在禁入期限，蓝色代表未发现限制准入情形。同步在"浙里办"提供个人、企业用户端，在"浙政钉"提供行政主管部门用户端，在"浙江检察"提供检察机关用户端。此外，联合多部门出台强化特定行业准入管理机制，并常态化开展大数据分析研判，以"数字革命"驱动法律监督提质增效。

📊 法律法规依据

1.《中华人民共和国未成年人保护法》第六十二条　密切接触未成年人的单位招聘工作人员时，应当向公安机关、人民检察院查询应聘者是否具有性侵害、虐待、拐卖、暴力伤害等违法犯罪记录；发现其具有前述行为记录的，不得录用。

密切接触未成年人的单位应当每年定期对工作人员是否具有上述违法犯罪记录进行查询。通过查询或者其他方式发现其工作人员具有上述行为的，应当及时解聘。

2.《中华人民共和国食品安全法》第一百三十五条第二款　因食品安全犯罪被判处有期徒刑以上刑罚的，终身不得从事食品生产经营管理工作，也不得担任食品生产经营企业食品安全管理人员。

3.《中华人民共和国教师法》第十四条　受到剥夺政治权利或者故意犯罪受到有期徒刑以上刑事处罚的，不能取得教师资格；已经取得教师资格的，丧失教师资格。

4.《教师资格条例》第十五条第一款第四项　申请认定教师资格，应当提交教师资格认定申请表和下列证明或者材料：

（四）户籍所在地的街道办事处、乡人民政府或者工作单位、所毕业的学校对其思想品德、有无犯罪记录等方面情况的鉴定及证明材料。

第十八条　依照教师法第十四条的规定丧失教师资格的，不能重新取得教师资格，其教师资格证书由县级以上人民政府教育行政部门收缴。

5.《中华人民共和国民办教育促进法》第二十九条　民办学校聘任的教师，应当具有国家规定的任教资格。

6.《中华人民共和国医师法》第十六条第一款第二项　有下列情形之一的，不予注册：

（二）受刑事处罚，刑罚执行完毕不满二年或者被依法禁止从事医师职业的期限未满。

第十七条第一款第二项　医师注册后有下列情形之一的，注销注册，废止医师执业证书：

（二）受刑事处罚。

7.《医师执业注册管理办法》第六条第二项　有下列情形之一的，不予注册：

（二）因受刑事处罚，自刑罚执行完毕之日起至申请注册之日止不满二年的。

第十八条第二项　医师注册后有下列情形之一的，医师个人或者其所在的医疗、预防、保健机构，应当自知道或者应当知道之日起30日内报告注册主管部门，办理注销注册：

（二）受刑事处罚的。

8.《乡村医生从业管理条例》第十四条第二项 乡村医生有下列情形之一的，不予注册：

（二）受刑事处罚，自刑罚执行完毕之日起至申请执业注册之日止不满 2 年的。

第十八条第二项 乡村医生有下列情形之一的，由原注册的卫生行政主管部门注销执业注册，收回乡村医生执业证书：

（二）受刑事处罚的。

9.《执业药师注册管理办法》第八条第三项 有下列情形之一的，药品监督管理部门不予注册：

（三）受到刑事处罚，自刑罚执行完毕之日到申请注册之日不满三年的。

第二十四条第二款第六项 有下列情形之一的，执业药师本人或者其执业单位，应当自知晓或者应当知晓之日起三十个工作日内向药品监督管理部门申请办理注销注册，并填写执业药师注销注册申请表（附件5）。药品监督管理部门经核实后依法注销注册。

（六）执业药师受刑事处罚的。

10.《出租汽车驾驶员从业资格管理规定》第三条 国家对从事出租汽车客运服务的驾驶员实行从业资格制度。

出租汽车驾驶员从业资格包括巡游出租汽车驾驶员从业资格和网络预约出租汽车驾驶员从业资格等。

第十条 申请参加出租汽车驾驶员从业资格考试的，应当符合下列条件：

（一）取得相应准驾车型机动车驾驶证并具有 3 年以上驾驶经历；

（二）无交通肇事犯罪、危险驾驶犯罪记录，无吸毒记录，无饮酒后驾驶记录，最近连续 3 个记分周期内没有记满 12 分记录；

（三）无暴力犯罪记录；

（四）城市人民政府规定的其他条件。

第二十一条　出租汽车驾驶员不具有完全民事行为能力，或者受到刑事处罚且刑事处罚尚未执行完毕的，不予延续注册。

第三十九条第二项　出租汽车驾驶员有下列不具备安全运营条件情形之一的，由发证机关撤销其从业资格证，并公告作废：

（二）有交通肇事犯罪、危险驾驶犯罪记录，有吸毒记录，有饮酒后驾驶记录，有暴力犯罪记录，最近连续 3 个记分周期内记满 12 分记录。

11.《道路运输从业人员管理规定》第九条第三项　经营性道路旅客运输驾驶员应当符合下列条件：

（三）3 年内无重大以上交通责任事故。

第十一条第一款第三项　道路危险货物运输驾驶员应当符合下列条件：

（三）3 年内无重大以上交通责任事故。

12.《网络预约出租汽车经营服务管理暂行办法》第十四条　从事网约车服务的驾驶员，应当符合以下条件：

（一）取得相应准驾车型机动车驾驶证并具有 3 年以上驾驶经历；

（二）无交通肇事犯罪、危险驾驶犯罪记录，无吸毒记录，无饮酒后驾驶记录，最近连续 3 个记分周期内没有记满 12 分记录；

（三）无暴力犯罪记录；

（四）城市人民政府规定的其他条件。

13.《杭州市客运出租汽车管理条例》第十九条第一项　申请客运出租汽车驾驶员从业资格证的人员应当符合下列条件：

（一）无暴力犯罪、交通肇事犯罪、危险驾驶犯罪记录，无吸毒记录，无饮酒后驾驶记录。

14.《中华人民共和国民办教育促进法实施条例》第二十五条第一款民办学校理事会、董事会或者其他形式决策机构的负责人应当具有中华人民共和国国籍，具有政治权利和完全民事行为能力，在中国境内定居，品行良好，无故意犯罪记录或者教育领域不良从业记录。

15.《少年儿童校外教育机构工作规程》第二十一条　少年儿童校外教育机构教师应依照《教师法》的规定取得教师资格。校外教育机构教师实行聘任制或任命制。

16.《浙江省社会养老服务促进条例》第三十一条　养老机构内设医疗机构的医师、护士、康复技师等卫生专业技术人员，在执业资格、注册考核、专业技术职务评聘等方面，执行与医疗机构同类专业技术人员相同的政策。

案件承办人：

胡　军　陈　斐（杭州市余杭区人民检察院）

案例撰写人：

陈　斐（杭州市余杭区人民检察院）

责任编辑：

谢　凯（桐庐县人民检察院）

医疗美容行业违规经营类案监督

杭州市余杭区人民检察院　杭州市西湖区人民检察院

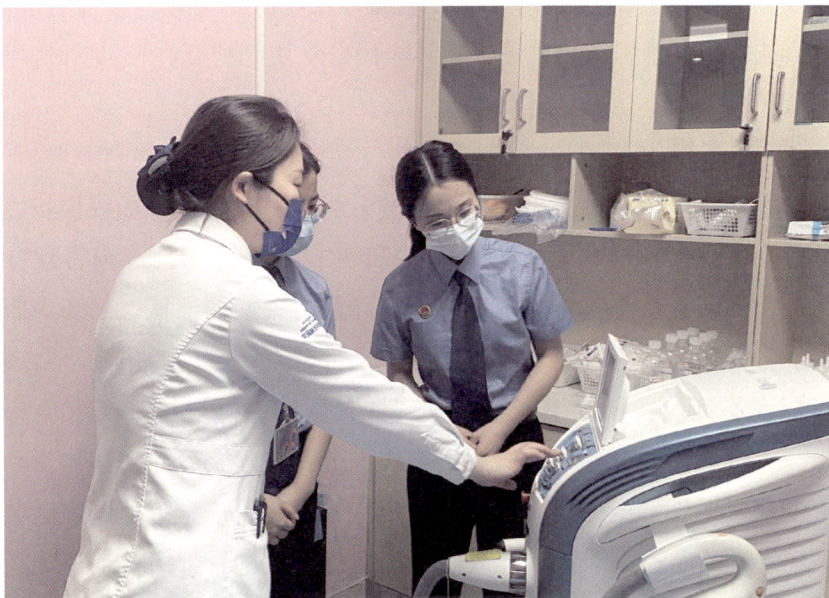

▌检察官联合行政执法人员对辖区内医疗美容机构进行实地走访调查

关键词

医疗美容　专项综合整治　行政公益诉讼诉前程序

要旨

针对医疗美容店铺违规经营导致不特定消费者合法权益受损的问题，检察机关在运用常规办案手段和模式的同时，通过解析医美违法个案，构建数字监督模型。重点围绕机构及从业人员资质、医疗器械使用、医疗广告发布等关键问题，深入开展监督，督促多部门综合整治医美行业共性问题。通过数据分析、碰撞，发现医疗美容行业监管漏洞，强化行业监管，维护市场秩序，保障人民群众切身利益。

基本情况

随着物质生活水平提高和美丽消费升级，医疗美容市场规模快速扩张。然而，医美服务行业频频出现消费者投诉事件，公益损害现象突出。从业人员资质不符合规定、使用未经注册备案的器械、发布虚假宣传的广告等违法经营行为较为普遍。由于部分行政部门与电商平台履行监管职责不到位，导致不能及时发现并处置非法开展医疗美容服务的行为。检察机关通过办理公益诉讼案件，分析医疗美容违法违规活动特征，提炼数据要素点，建立数字监督模型，以此深挖全市范围内医美违法类案线索。通过诉前检察建议和磋商督促行政主管部门清退违规经营者、没收违法所得及无备案仪器，规范医疗美容机构电商平台准入规则，并推动开展定期联合执法和不定期突击检查，以专项综合整治精准破除医美行业乱象，形成行业发展的正向循环，努力让"颜值经济"合规发展、让人民群众"美得放心"。

个案线索发现

2022 年下半年，杭州市余杭区人民检察院（以下简称"余杭区院"）、杭州市西湖区人民检察院（以下简称"西湖区院"）分别在履行公益诉讼检察职能过程中，发现多家医疗美容服务经营者存在未取得医疗机构执业许可或卫生许可擅自营业、超范围经营医疗美容项目、从业人员无医师执业证书或超范围执业、医疗器械采购来源不明、违法违规发布医疗广告等行为。大部分经营者已入驻第三方电商平台，而部分电商平台存在未依法严格核验平台内医疗美容服务经营者医疗机构执业许可、未在平台首页显著位置持续公示行政许可信息等违法违规情形，相关职能部门怠于履行监督管理职责，损害了消费者合法权益和社会公共利益，有待进一步开展监督。

数据分析方法

数据来源

1. 杭州市范围入驻电子商务平台医疗美容服务经营者名单及基本情况，包括经营者信息、从业人员信息、医疗器械使用信息、医疗广告发布信息（源于电子商务平台）；

2. 医疗美容服务经营者工商登记信息（源于市场监管部门）；

3. 取得执业许可的医疗机构名单（源于卫健部门）；

4. 取得执业许可的医师名单（源于卫健部门）；

5. 涉辐射医疗器械许可备案信息（源于生态环境部门）；

6. 医疗广告审查证明名单（源于卫健部门）。

数据分析关键词

以"医疗美容""光子嫩肤""种植牙"等为关键词，提取第三方电商平台内医疗美容服务经营者基本情况，构建包含"经营主体""服务宣传""辐射装置""从业人员"的基础数据库。

数据分析步骤

第一步:以"医疗美容""光子嫩肤""种植牙"等为关键词,检索第三方电商平台内医疗美容项目数据,获取平台内医疗美容服务经营者名单及基本情况,包括经营者信息、服务宣传信息、从业人员信息、医疗器械使用信息、医疗广告发布信息等,形成基础信息库。

第二步:将基础信息库与市场监管部门的工商登记信息对比碰撞,筛查出无照经营等线索,移交市场监管部门处理。

第三步:将基础信息库与卫健部门的医疗机构执业许可登记信息对比碰撞,筛查出机构无证执业或者超范围执业等线索,移交卫健部门处理。

第四步:将基础信息库与卫健部门的医师执业登记备案信息对比碰撞,筛查出人员无证执业或者超范围执业等线索,移交卫健部门处理。

第五步:将基础信息库与生态环境部门的医疗器械许可备案信息对比碰撞,以美容牙科为例,筛查出违规使用辐射装置的线索,移交生态环境部门处理。

第六步:将基础信息库与卫健部门的医疗广告审查许可信息对比碰撞,筛查出违法发布医疗广告的线索,移交卫健部门及市场监管部门处理。

思维导图

检察融合监督

杭州检察机关立足公益诉讼检察职能，在西湖、余杭个案办理的基础上，搭建医疗美容网络经营数字监督模型开展类案线索摸排。截至 2023 年 5 月，共归集全市医疗美容服务经营者相关信息 34800 条，经过数据对比碰撞，筛选得到有效线索 83 条，涉及全市 13 个区、县。全市已制发行政公益诉讼诉前检察建议 8 件，涉及违法经营者 43 家。督促行政机关没收违法所得 2.5 万余元、罚款 20.85 万元、没收或暂扣医疗美容仪器 23 台。

社会治理成效

2023 年 2 月，余杭区院积极加强检察建议与人大代表议案之间的衔接转化，推动区人大代表向区两会提交议案《关于加强我区医疗美容行业监管的建议》，借人大监督之力共同促推行业系统治理。在此基础上，杭州市人民检察院与市场监管局召开磋商会，就推动全市范围内规范电商平台医疗美容机构准入、强化资质核验等方面达成共识。会后，双方共同约谈相关电商平台，督促其履行主体责任。截至 2023 年 5 月，4 家大型电商平台已清退医疗美容服务经营者 2 家，下架违规开展的医疗美容服务项目 40 余个。

2023 年 4 月 6 日，杭州市院办理的督促整治医疗美容行业违法经营行政公益诉讼案作为唯一一件公益诉讼案件入选全国检察机关依法惩治医疗美容领域违法犯罪典型案例。

📊 办案指引

（一）凝聚监督力量，实现"分散"到"融合"的集成效应

一是内部融合突破业务壁垒。建立数字检察融合工作机制，成立以"员额检察官＋数字办案专员"为成员的数字办案专班，依托"单元提交线索＋专班统筹攻坚"工作模式，联合会诊研讨数字模型监督案件，形成检察业务全面协调充分发展的法律监督格局。二是外部联动强化监督合力。主动与行政执法部门协作配合，分别走访公安、卫健、生态环境、市场监管、大数据局等有关单位和部门，探索和深化数据共享、监督互动的工作模式，努力打通执法司法信息数据壁垒。三是发挥特邀检察官助理"智囊团"作用。通过咨询具有医疗卫生和市场监管专业背景知识的特邀检察官助理、实地走访调查等，汇总梳理医疗美容行业存在的问题，找准监督的切入点、关键点，实现精准、全面监督。

（二）整合监督数据，实现"个案"到"类案"的规模效应

一是把握核心要素，精准构建数字模型。认真剖析案件内在规律，找准违法线索数据特征。秉持全覆盖监督原则，围绕单位资质、从业人员资格、医疗器械使用、医疗广告发布等多个角度进行深度摸排，抓取最关键指标，明确数据搜索方向。二是进行数据碰撞，明确框定监督对象。采用"线上＋线下"双线并行模式，将监督范围从医美服务经营者扩展至第三方电商平台，从行政机关、电子商务平台全方位多渠道收集有效信息。以数据比对结果为参考，公益诉讼检察部门对违规开展医疗美容项目的机构进行实地调查，确定机构和人员违法违规行为的证据。

（三）强化监督抓手，实现"单一"到"多跨"的质变效果

一方面，检察建议和磋商机制刚柔并济。通过检察建议有力推动职能部门履职尽责，集中多方力量攻坚突破医疗美容治理难题，实现医疗美容领域的系统治理，为常态化监管夯实基础；与市区两级市场监管部门磋商，以约谈形式对第三方电商平台加强监管，压实平台责任。另一方面，人大监督和检察监督贯通衔接，将检察建议转化为代表议案，增强监督实效。通过市区两级检察机关上下联动，协同作战，达到"办一案、牵一串、治一片"的监督规模效应。打造人大监督下协同式能动型检察监督，切实维护消费者合法权益，筑牢医疗美容安全堤坝。

📊 法律法规依据

1.《中华人民共和国电子商务法》第十二条　电子商务经营者从事经营活动，依法需要取得相关行政许可的，应当依法取得行政许可。

第十三条　电子商务经营者销售的商品或者提供的服务应当符合保障人身、财产安全的要求和环境保护要求，不得销售或者提供法律、行政法规禁止交易的商品或者服务。

第十五条　电子商务经营者应当在其首页显著位置，持续公示营业执照信息、与其经营业务有关的行政许可信息、属于依照本法第十条规定的不需要办理市场主体登记情形等信息，或者上述信息的链接标识。

前款规定的信息发生变更的，电子商务经营者应当及时更新公示信息。

第二十七条第一款　电子商务平台经营者应当要求申请进入平台销售商品或者提供服务的经营者提交其身份、地址、联系方式、行政许可等真实信息，进行核验、登记，建立登记档案，并定期核验更新。

第二十九条　电子商务平台经营者发现平台内的商品或者服务信息

存在违反本法第十二条、第十三条规定情形的，应当依法采取必要的处置措施，并向有关主管部门报告。

第三十八条 电子商务平台经营者知道或者应当知道平台内经营者销售的商品或者提供的服务不符合保障人身、财产安全的要求，或者有其他侵害消费者合法权益行为，未采取必要措施的，依法与该平台内经营者承担连带责任。

对关系消费者生命健康的商品或者服务，电子商务平台经营者对平台内经营者的资质资格未尽到审核义务，或者对消费者未尽到安全保障义务，造成消费者损害的，依法承担相应的责任。

2.《中华人民共和国基本医疗卫生与健康促进法》第三十八条第二款 医疗机构依法取得执业许可证。禁止伪造、变造、买卖、出租、出借医疗机构执业许可证。

3.《中华人民共和国医师法》第十三条第四款 未注册取得医师执业证书，不得从事医师执业活动。

第十四条第一款 医师经注册后，可以在医疗卫生机构中按照注册的执业地点、执业类别、执业范围执业，从事相应的医疗卫生服务。

第十八条第一款 医师变更执业地点、执业类别、执业范围等注册事项的，应当依照本法规定到准予注册的卫生健康主管部门办理变更注册手续。

4.《公共场所卫生管理条例》第二条第二项 本条例适用于下列公共场所：

（二）公共浴室、理发店、美容店。

5.《医疗机构管理条例》第二十三条 任何单位或者个人，未取得《医疗机构执业许可证》或者未经备案，不得开展诊疗活动。

第二十六条 医疗机构必须按照核准登记或者备案的诊疗科目开展诊疗活动。

第二十七条 医疗机构不得使用非卫生技术人员从事医疗卫生技术

工作。

6.《医疗美容服务管理办法》第八条　美容医疗机构必须经卫生行政部门登记注册并获得《医疗机构执业许可证》后方可开展执业活动。

第十四条　未经卫生行政部门核定并办理执业注册手续的人员不得从事医疗美容诊疗服务。

第十五条　实施医疗美容项目必须在相应的美容医疗机构或开设医疗美容科室的医疗机构中进行。

第十六条　美容医疗机构和医疗美容科室应根据自身条件和能力在卫生行政部门核定的诊疗科目范围内开展医疗服务，未经批准不得擅自扩大诊疗范围。

美容医疗机构及开设医疗美容科室的医疗机构不得开展未向登记机关备案的医疗美容项目。

第二十三条　任何单位和个人，未取得《医疗机构执业许可证》并经登记机关核准开展医疗美容诊疗科目，不得开展医疗美容服务。

7.《网络交易监督管理办法》第八条第一款　网络交易经营者不得违反法律、法规、国务院决定的规定，从事无证无照经营。除《中华人民共和国电子商务法》第十条规定的不需要进行登记的情形外，网络交易经营者应当依法办理市场主体登记。

第二十四条　网络交易平台经营者应当要求申请进入平台销售商品或者提供服务的经营者提交其身份、地址、联系方式、行政许可等真实信息，进行核验、登记，建立登记档案，并至少每六个月核验更新一次。

网络交易平台经营者应当对未办理市场主体登记的平台内经营者进行动态监测，对超过本办法第八条第三款规定额度的，及时提醒其依法办理市场主体登记。

第五十二条　网络交易平台经营者知道或者应当知道平台内经营者销售的商品或者提供的服务不符合保障人身、财产安全的要求，或者有其他侵害消费者合法权益行为，未采取必要措施的，依法与该平台内经营者承担连带责任。

对关系消费者生命健康的商品或者服务，网络交易平台经营者对平台内经营者的资质资格未尽到审核义务，或者对消费者未尽到安全保障义务，造成消费者损害的，依法承担相应的责任。

8.《杭州市网络交易管理暂行办法》第九条　法律、法规或者国务院决定规定销售商品或者提供服务应当取得行政许可的，应当取得行政许可后方可从事网络交易。

第十八条　第三方网络交易平台经营者应当对进入平台销售商品或者提供服务的网络交易经营者的经营主体资格进行审查，建立档案并定期更新。经营者主体资格信息记录保存期限自经营者退出平台之日起不得少于2年。

第三方网络交易平台经营者发现网络交易经营者隐瞒真实情况、提供虚假或者失效的经营主体资格信息的，应当立即停止提供平台服务。

第二十条　第三方网络交易平台经营者应当对在平台内发布的商品和服务信息进行审核、监控，发现违法行为的，应当及时采取措施制止；采取制止措施后，仍不能消除违法行为危害的，应当立即向所在地有关行政管理部门报告。

案件承办人：

陈　斐　郑健意（杭州市余杭区人民检察院）

马　睿　李　洋（杭州市西湖区人民检察院）

案例撰写人：

郑健意（杭州市余杭区人民检察院）

常鹏飞（杭州市西湖区人民检察院）

责任编辑：

史笑晓（杭州市人民检察院）

马天歌（建德市人民检察院）

消防领域中介组织类案监督

杭州市人民检察院　　杭州市临平区人民检察院

浙江省市两级检察机关联同省市消防救援机构共同开展消防项目实地检查

📊 关键词

消防技术服务机构　虚假检测报告　行刑共治

📊 要旨

立足刑事、行政检察职能，聚焦公共安全、护航亚运等中心工作，以消防中介组织为切入点，按照"业务主导、数据整合、技术支撑、重在应用"的要求，通过大数据赋能，实现从个案办理到类案突破和系统治理，为法律监督提质增效，以检察工作现代化服务保障社会治理现代化。

📊 基本情况

2019 年消防改革后，承担消防安全评价职责的中介组织——消防技术服务机构从资质许可制变为注册备案制，浙江省内从业机构从 100 余家激增至 700 余家。通过案件办理和调研发现，消防技术服务行业存在低价恶性竞争、借章套名出图、更名逃避监管等情况，埋下严重的消防安全隐患，危及广大人民群众生产生活安全。据此，杭州市临平区人民检察院（以下简称"临平区院"）以双赢多赢共赢为理念，将出具虚假检测报告作为监督重点，紧扣行政法上的监管责任和刑法上的立案标准，确定行政预警和刑事立案研判规则，构建刑事监督、行政监管、行业治理"三位一体""四大检察"融合式监督的大数据法律监督模型。通过行刑衔接、行刑共治实现对消防领域第三方中介组织的全流程、深层次监管，为深化除险保安、平安护航亚运提供检察智慧、展现检察担当。

📊 个案线索发现

2023 年 4 月，临平区院在办理某重大责任事故案中发现，消防技术服务机构存在项目层层转包、出具虚假检测报告等情况，涉事人员以提供虚假证明文件罪被提起公诉。安全生产事关经济社会发展大局和人民福祉。临平区院认为，加强对消防技术服务机构的监管、整顿社会消防技术服务行业的乱象已刻不容缓，有必要通过大数据建模进行监督。

📊 数据分析方法

数据来源

1. 消防技术服务机构的基本信息及从业人员数据（源于市场监管、人社保部门）；

2. 消防技术服务合同、消防技术检测报告数据（源于浙江省消防技术服务管理系统）；

3. 消防行政处罚数据（源于浙江省消防信用综合监督平台）；

4. 消防技术服务机构的项目营收数据（源于税务部门）；

5. 重大消防事故数据（源于消防部门、全国检察业务应用系统 2.0）。

数据分析关键词

机构项目备案量、注册工程师签字量、合同金额、服务时长、二次处罚、违法所得、重大损失。

数据分析步骤

第一步：建立五项预警指标，形成异常机构数据库。

1. 机构项目备案量显著异常：将当年机构项目备案总数与注册工程师总数之比确定为比较基准，然后将单个机构的当年项目备案数与该机构的注册工程师数之比与市场基准比较，高于基准 100% 的确定为异常信息 1。

2. 注册工程师签字量显著异常：将注册工程师按签字报告总量进行排序，以签字报告数量的中位数为基准，高于基准 100% 的确定为异常信息 2。

3. 合同金额显著异常：将当年所有备案项目的合同总额与检测面积总和之比确定为比较基准，然后将单个项目的备案合同金额与检测面积之比与市场基准比较，低于 100% 的确定为异常信息 3。

4. 服务时长显著异常：将单个项目的报告出具时间分别与合同签订时间、检测执行时间相碰撞，筛选出时间差在 1 日以内的确定为异常信息 4。

5. 疑似更名逃避监管：将当年新备案的机构营业地址、法定代表人、股东及其从业人员数据与曾受行政处罚的机构营业地址、法定代表人、股东及从业人员数据进行碰撞，将有交集的机构及人员确定为异常信息 5。

第二步：紧扣三类立案标准，锚定刑事监督线索。

1. 二次处罚类：对曾受行政处罚的机构及从业人员数据进行筛选，将处罚事由为出具虚假报告、处罚次数为 2 次及以上的筛选出来，再与第一步的异常机构数据库进行碰撞，将有交集的确定为立案线索 1。

2. 违法所得类：对机构的备案项目和合同金额进行筛选，将营业收入在 10 万元以上的机构筛选出来，再分别与行政处罚记录、异常机构数据库进行碰撞，将两者交集的部分确定为立案线索 2。

3. 重大损失类：对近年来发生在杭州市范围内的消防事故进行筛选，将造成死亡 1 人或者伤害 3 人或者经济损失 50 万元以上的消防事故筛选出来，将涉及的高频检测机构及检测人员数据与行政处罚记录和异常机构数据库进行碰撞，将碰撞后的结果取并集确定为立案线索 3。

思维导图

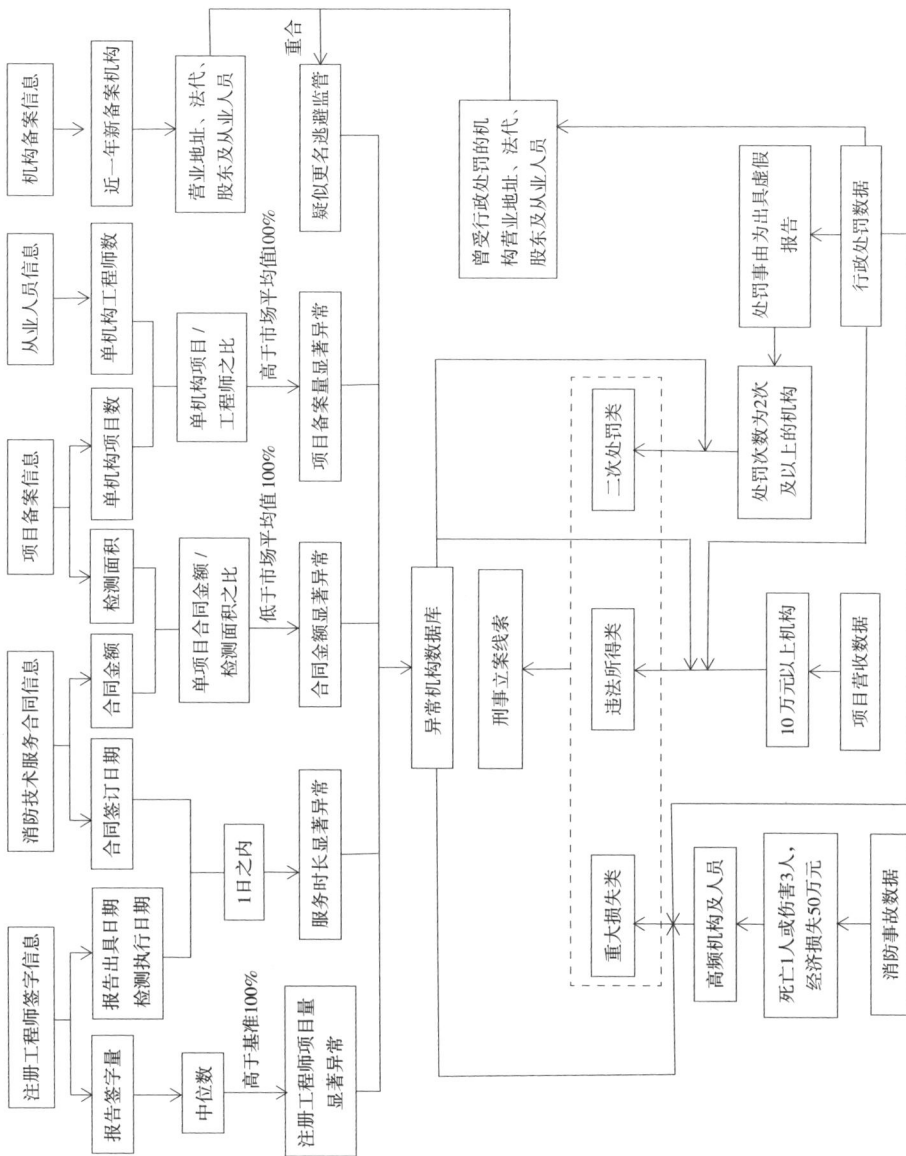

﹍ 检察融合监督

刑事检察监督

利用该模型排查出刑事立案线索 68 条，覆盖全省 82% 的地市。线索发至全省三级检察机关和消防部门，通过行刑衔接监督消防部门依法移送、监督公安机关依法立案 22 件 23 人。

提起公诉的斯某某提供虚假证明文件案系消防领域中介组织的全国首例，具有深度震慑和广泛教育意义。依托该案，临平区院形成《消防中介"提供虚假证明文件"类案办理取证指引》，为打击消防技术服务机构及从业人员的违法犯罪行为提供有力支撑。

行政检察监督

通过该模型在全省各类数据 51 万余条中排查出异常消防技术服务机构 479 家，并根据异常指标数分为一级、二级、三级预警机构，产出行政处罚线索 188 条，覆盖全省 100% 的地市。消防部门对 88 家消防技术服务机构进行行政处罚，依法注销 70 名注册消防工程师的注册证书及执业印章。

将模型部分研判规则嵌入消防部门监管平台中，转化为消防安全数字化治理协同程序，有效预警和规制消防中介弄虚作假行为，堵塞监管漏洞，形成行刑共治合力。

﹍ 社会治理成效

临平区院向区消防救援大队制发社会治理类检察建议，推动开展全区消防安全"体检"，相关工作获得区人大全力支持。杭州市人民检察院在全市范围内开展消防领域中介组织数字化监督专项活动。

在此基础上，浙江省人民检察院向浙江省消防救援总队宣告送达 2023 年的"一号检察建议"，并联合开展消防技术服务行业联动治理

"蓝光"专项行动，以联合专项检查、办理典型案件、出台规范文件等"八个一"举措，严厉惩治违法犯罪，促进行业健康持续发展，获检察日报头版报道。

专项行动开展后，截至 2023 年 11 月，全省各地市对 256 家消防技术服务机构开展检查，实地核查消防服务项目 455 个，办理行政处罚 185 起。仅杭州地区已对 10 家消防技术服务机构限制从业，对 2 家机构以提供虚假证明文件罪刑事立案。

办案指引

围绕如何找准数字模型监督点、如何搭建数字监督模型、如何放大数字监督成效，介绍消防中介监督治理办案团队在实践数字检察方面的心得体会。

（一）问题导向凝聚合力，小切口找准监督点

一是坚持问题导向从办案实际出发。临平区院在办理某起火灾事故案中发现消防中介组织违法分包转包、出具虚假报告、低价恶性竞争等行业乱象，确有监督治理必要。二是以双赢多赢共赢争取最大合力。消防部门对于消防中介组织行业乱象有强烈的整顿意向，但处罚力度有限、监管手段不多，对于检察机关介入共同参与社会治理积极欢迎。三是精准小切口做社会治理大文章。消防中介组织作为消防安全主体中的一个特殊行业，连接业主单位和行政部门，在消防安全中起到重要的作用，切口虽小但社会治理意义巨大，符合数字检察"在小切口上建大厦，一砖一瓦叠加起来"的规律要求。

（二）业务主导技术支持，零成本构建"轻模型"

一是充分的调研论证。在工作方法上坚持开门调研、多头调研，主动走访消防、住建等部门，询问业内人士，摸清行业"潜规则"，梳理出监管盲区和难点，并反复推导、修改完善模型，确保研判规则的科学性、合理性。二是清晰的逻辑规则。通过梳理行政法和刑法的相关规

定，找准消防中介的主管部门，针对出具虚假检测报告这一关键问题，设定具体、可行的碰撞步骤。三是务实的数据需求。在数据来源上尽量精简，在数据种类上不贪大求全，只提出建模所必要的数据需求并制作简明扼要的数据表格。四是科学的团队配置。成立院领导牵头、跨部门的办案团队，以检察官为主导、本院技术人员辅助在浙江检察大数据法律监督平台上建模，没有额外的资金与人员投入。

（三）上下联动由案及治，共治理书写大文章

一是同步推进数字监督与专项治理。将数字建模作为办案手段批量产出监督线索，为专项行动奠定基础；再通过专项行动将线索落地为监督成效，并建章立制形成长效治理。二是同时争取上级重视与地方支持。积极向上级院汇报，第一时间形成涵盖两级院的数字化专班，将模型推广至省市级层面；同步向地方党委争取支持，结合本地实际做出特色亮点，如临平区院就以"人大＋检察"叠加监督的方式探索消防安全全过程的执法司法信息共享和法律监督。三是协同推进诉源治理、系统治理。以法律监督唤醒和盘活相关数据、完善行刑衔接工作机制，深化行政部门间的信息共享和协作，强化诉源治理、系统治理，从源头上防范化解重大消防安全风险，为平安护航亚运和服务保障三个"一号工程"贡献检察力量。

📊 法律法规依据

1.《中华人民共和国刑法》第二百二十九条第一款第三项 承担资产评估、验资、验证、会计、审计、法律服务、保荐、安全评价、环境影响评价、环境监测等职责的中介组织的人员故意提供虚假证明文件，情节严重的，处五年以下有期徒刑或者拘役，并处罚金；有下列情形之一的，处五年以上十年以下有期徒刑，并处罚金：

（三）在涉及公共安全的重大工程、项目中提供虚假的安全评价、环境影响评价等证明文件，致使公共财产、国家和人民利益遭受特别重大损失的。

2.《中华人民共和国消防法》第六十九条第一款 消防设施维护保养检测、消防安全评估等消防技术服务机构，不具备从业条件从事消防技术服务活动或者出具虚假文件的，由消防救援机构责令改正，处五万元以上十万元以下罚款，并对直接负责的主管人员和其他直接责任人员处一万元以上五万元以下罚款；不按照国家标准、行业标准开展消防技术服务活动的，责令改正，处五万元以下罚款，并对直接负责的主管人员和其他直接责任人员处一万元以下罚款；有违法所得的，并处没收违法所得；给他人造成损失的，依法承担赔偿责任；情节严重的，依法责令停止执业或者吊销相应资格；造成重大损失的，由相关部门吊销营业执照，并对有关责任人员采取终身市场禁入措施。

3.《社会消防技术服务管理规定》第二条第二款 本规定所称消防技术服务机构是指从事消防设施维护保养检测、消防安全评估等社会消防技术服务活动的企业。

第十九条第一款 县级以上人民政府消防救援机构依照有关法律、法规和本规定，对本行政区域内的社会消防技术服务活动实施监督管理。

4.《最高人民法院、最高人民检察院关于办理危害生产安全刑事案件适用法律若干问题的解释（二）》第七条第一款、第二款 承担安全评价职责的中介组织的人员故意提供虚假证明文件，有下列情形之一的，属于刑法第二百二十九条第一款规定的"情节严重"：

（一）造成死亡一人以上或者重伤三人以上安全事故的；

（二）造成直接经济损失五十万元以上安全事故的；

（三）违法所得数额十万元以上的；

（四）两年内因故意提供虚假证明文件受过两次以上行政处罚，又故意提供虚假证明文件的；

（五）其他情节严重的情形。

在涉及公共安全的重大工程、项目中提供虚假的安全评价文件，有下列情形之一的，属于刑法第二百二十九条第一款第三项规定的"致使公共财产、国家和人民利益遭受特别重大损失"：

（一）造成死亡三人以上或者重伤十人以上安全事故的；

（二）造成直接经济损失五百万元以上安全事故的；

（三）其他致使公共财产、国家和人民利益遭受特别重大损失的情形。

第九条　承担安全评价职责的中介组织犯刑法第二百二十九条规定之罪的，对该中介组织判处罚金，并对其直接负责的主管人员和其他直接责任人员，依照本解释第七条、第八条的规定处罚。

5.《安全生产行政执法与刑事司法衔接工作办法》第四条　人民检察院对应急管理部门移送涉嫌安全生产犯罪案件和公安机关有关立案活动，依法实施法律监督。

6.《人民检察院检察建议工作规定》第十一条　人民检察院在办理案件中发现社会治理工作存在下列情形之一的，可以向有关单位和部门提出改进工作、完善治理的检察建议：

（二）一定时期某类违法犯罪案件多发、频发，或者已发生的案件暴露出明显的管理监督漏洞，需要督促行业主管部门加强和改进管理监督工作的。

案件承办人：

消防中介监督治理办案团队

杭州市人民检察院第二检察部、杭州市临平区人民检察院

案例撰写人：

金洁芸（杭州市临平区人民检察院）

责任编辑：

周秀美（杭州市人民检察院）

油漆类危化品违规经营仓储类案监督

杭州市拱墅区人民检察院

拱墅区检察院会同区公安分局、应急管理局召开危化品安全监管联席会议，助力危化品安全生产诉源治理落地落实

📊 关键词

危险化学品　八号检察建议　安全生产

📊 要旨

危险化学品具有高度危险性和较大破坏性，故其经营全流程都需要相应的行政许可或者登记。完整的行政记录，为检察机关利用大数据碰撞进行违法犯罪线索排查提供了可能。通过构建跨部门数字化协作场景，打通多部门全链条的危化品监管数据共享渠道，精准发现违规仓储油漆类案监督线索。在办案基础上，会同相关职能部门出台刑行衔接行业治理协作机制，有力提升数字赋能安全生产质效。

📊 基本情况

安全生产关乎社会和谐安定和人民群众人身财产安全，为推进更高水平的平安中国建设，最高人民检察院向应急管理部制发了安全生产诉源治理的"八号检察建议"。油漆作为生活中常见的危化品，与人民群众的安全息息相关。杭州市拱墅区人民检察院（以下简称"拱墅区院"）以油漆的安全生产与储存为抓手，探索构建油漆经营仓储数字化法律监督模型，深挖类案监督线索。通过调取危化品经营主体注册登记信息、危化品安全经营许可信息，对上述数据进行关键词过滤、碰撞比对，排查出一批无证经营、仓储危化品油漆企业线索。运用"三查融合"手段进行线索调查核实，多次与公安、应急管理、市场监管及交通运输管理等行政职能部门会商，推动类案查处，进一步增强危化品类案监督"融合力"。在办理行政公益诉讼检察监督案件的基础上，向公安机关移交涉嫌犯罪线索后立案，彰显维护生产生活安全的检察担当。

📊 个案线索发现

2022 年，拱墅区院在办理许某等多人实施的系列危险作业案中发现，辖区某工业品市场内的部分油漆经营企业在未取得危险化学品仓储许可证的情况下，租用不具备危险化学品安全存储条件的仓库，长期违规仓储油漆、稀释剂、固化剂等危险化学品达 120 余吨，安全隐患突出。

经跨部门研判发现，拱墅辖区内工业品市场较多，市场内油漆等危化品经营企业集中、规模较大，无证经营、仓储、运输危化品油漆的情况并非个案，将给人民群众的生命财产安全和公共安全带来极大风险隐患。危险化学品经营各个环节均需相应的行政许可或者登记，具备利用大数据进行线索排查的可行性，拱墅区院经综合研判认为，有必要开展危化品违规经营仓储专项监督治理。

📊 数据分析方法

数据来源

1. 危险化学品经营主体注册登记信息（源于市场监督管理部门）；
2. 危险化学品安全经营许可信息（源于应急管理部门）。

数据分析关键词

经营范围、油漆、危险化学品安全经营许可、油漆类仓储备案、企业注册地址。

数据分析步骤

第一步：从市场监督管理局调取拱墅区危化品经营主体注册登记基本信息；从应急管理局调取拱墅区危化品安全经营许可信息。

第二步：针对拱墅区危化品经营主体注册登记基本信息，以其经营范围为基本要素，获取油漆经营主体基本信息数据。

第三步：将已获取的本辖区内油漆经营主体基本信息数据与应急

管理局调取的本辖区内危化品安全经营许可信息等数据进行两次碰撞对比。

第四步：第一次数据碰撞后用于发现拱墅区已取得危化品经营许可的经营主体情况；第二次碰撞用于发现筛选拱墅区范围内未取得危化品经营许可的经营主体情况。

第五步：根据是否已获取危化品的安全经营许可情况，人工比对核实，排查出未获得经营许可，但仍将油漆等危化品大量集中存放的经营主体。

第六步：在已取得危化品经营许可的经营主体信息中，根据注册地经营场所等信息，线下核实油漆仓储情况，排查是否存在未在指定场所违规大量集中存放油漆等危化品的线索。

思维导图

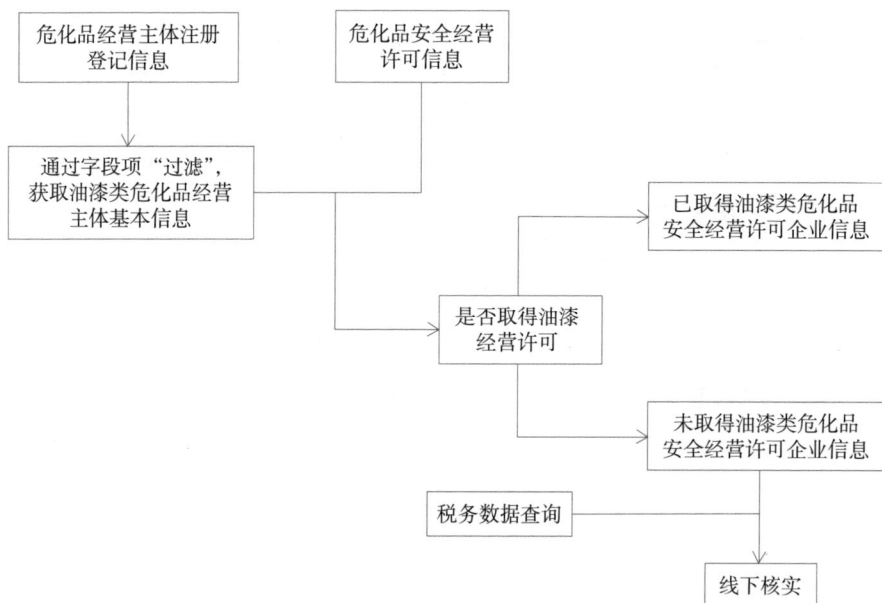

⬛ 检察融合监督

公益诉讼检察监督

拱墅区院对线索涉及的 40 家油漆经营企业实际经营情况进行核实，查实部分涂料公司存在无证经营危化品油漆等情形。2022 年 7 月，拱墅区院与公安、应急管理、交通运输管理部门召开行政公益诉讼诉前磋商会议，应急管理部门根据检察机关建议，对案涉企业违法行为作出行政处罚，督促企业及时整改并向检察机关作出回复。

刑事检察监督

经调查核实，某涂料公司除了涉及无证经营危化品油漆外，还涉嫌无证运输、仓储危化品油漆，可能涉及刑事犯罪。拱墅区院随即与职能部门召开案件会商会议并移交线索核实。经查实，该公司系无证运输危化品油漆，遂由公安机关以涉嫌危险作业罪进行立案侦查。

⬛ 社会治理成效

为共建长效协作机制，拱墅区院推动与公安、应急管理、交通运输管理等负有安全生产监管职责的部门签署《关于加强危险化学品安全生产协同治理的会议纪要》。通过强化跨部门信息共享、线索移送、监管协作、联动执法，拓展危化品安全监管数字化应用场景。检察机关推动形成行政执法、刑事司法、检察公益诉讼多元共治格局，助力危化品安全生产诉源治理落地落实。同时，杭州市人民检察院将拱墅区院的危化品油漆数字监督模型在全市范围内推广应用，部署开展危化品类案专项监督并交办监督线索 195 余条。

2023 年 2 月以来，拱墅区院在会签协作机制的基础上，持续完善升级数据监督模型，扩大数据碰撞范围，将危化品运输环节纳入监督模型，以大数据法律监督促进违规仓储运输从事后惩治、静态监管向事前预防、动态防控转变。

📊 办案指引

拱墅区院以办案为契机，主动聚焦涉及人民生产生活安全的重点领域，利用数字赋能，强化危化品行业治理。通过梳理共性方法，以期为同类案件办理提供参考和指引。

（一）树立全局观念，凝聚检察监督合力

牢固树立"一体化办案"思维，加强内部融合和外部配合，最大限度发挥各项法律监督职能优势。一方面，充分发挥刑事检察基础性、支撑性作用，着力从刑事案件中挖掘涉及其他检察职能的监督线索，通过召开跨部门评估会，分析研判具有开展融合监督可行性的案件线索，并组建跨部门的专案团队进行专案经营，实现线索成案。另一方面，充分发挥检察调查核实权的关键作用。利用公益诉讼调查权启动条件较低的优势，通过调查手段核实线索并形成证据材料。相比单纯对外移送线索，更加有利于职能部门开展工作，同时灵活运用公益诉讼诉前磋商、圆桌会议等形式，有力推动相关职能部门依法履职，提升监督精准性。

（二）强化数字赋能，实现监督质效跃升

大数据检察办案需要找准工作的突破口，即通过办理个案发掘社会治理中的难点、痛点、堵点、盲点，确定工作开展的具体方向。拱墅区院在办理此类危险作业个案过程中始终坚持"治罪""治理"并重。针对经营企业因受制于实际条件，长期存在违规仓储运输危险化学品的情况，从解决涉案企业实际困难、促进行业规范经营和维护社会公共安全的角度出发，构建危化品违规经营仓储数字监督模型。整合危化品经营流通全链条监管信息，助力精准管控源头风险、及时消除安全隐患、风控前移，践行"个案办理—类案监督—系统治理"的数字检察履职路径。拱墅区院推动在全市范围开展危化品类案专项监督，进一步扩大数据碰撞范围，实现"一域突破、全域开花"的监督规模效应。

（三）推进协同共治，提升全域安全水平

安全生产领域涉及职能部门多、专业性强、法律法规复杂，需要协调各方系统治理。开展数字化办案，同样需要加强与外部的配合协作。拱墅区院积极做好监督办案"后半篇文章"，深挖案件背后隐藏的深层次、根源性原因，通过诉前磋商会议等形式督促职能部门依法履职，抓实涉危化品企业安全生产闭环治理。推动与公安、应急管理等相关职能部门建立危化品安全生产治理的长效协作机制，整合多方力量。在线索移送、数据共享、专业咨询、调研宣传等方面加强协作，共同推动查深查透线索，促进行业规范健康发展，提升安全生产社会治理水平，不断擦亮展现"中国之治"的"城市之窗"。

▍▍ 法律法规依据

1.《中华人民共和国刑法》第一百三十三条之一第一款第四项 在道路上驾驶机动车，有下列情形之一的，处拘役，并处罚金：

（四）违反危险化学品安全管理规定运输危险化学品，危及公共安全的。

第一百三十四条之一第三项 在生产、作业中违反有关安全管理的规定，有下列情形之一，具有发生重大伤亡事故或者其他严重后果的现实危险的，处一年以下有期徒刑、拘役或者管制：

（三）涉及安全生产的事项未经依法批准或者许可，擅自从事矿山开采、金属冶炼、建筑施工，以及危险物品生产、经营、储存等高度危险的生产作业活动的。

第二百二十五条 违反国家规定，有下列非法经营行为之一，扰乱市场秩序，情节严重的，处五年以下有期徒刑或者拘役，并处或者单处违法所得一倍以上五倍以下罚金；情节特别严重的，处五年以上有期徒刑，并处违法所得一倍以上五倍以下罚金或者没收财产：……（四）其他严重扰乱市场秩序的非法经营行为。

2.《中华人民共和国行政诉讼法》第二十五条第四款 人民检察院在履行职责中发现生态环境和资源保护、食品药品安全、国有财产保护、国有土地使用权出让等领域负有监督管理职责的行政机关违法行使职权或者不作为，致使国家利益或者社会公共利益受到侵害的，应当向行政机关提出检察建议，督促其依法履行职责。行政机关不依法履行职责的，人民检察院依法向人民法院提起诉讼。

3.《危险化学品安全管理条例》第三十三条第一款 国家对危险化学品经营（包括仓储经营，下同）实行许可制度。未经许可，任何单位和个人不得经营危险化学品。

第四十三条第一款 从事危险化学品道路运输、水路运输的，应当分别依照有关道路运输、水路运输的法律、行政法规的规定，取得危险货物道路运输许可、危险货物水路运输许可，并向工商行政管理部门办理登记手续。

4.《人民检察院公益诉讼办案规则》第七十条 人民检察院决定立案的，应当在七日内将《立案决定书》送达行政机关，并可以就其是否存在违法行使职权或者不作为、国家利益或者社会公共利益受到侵害的后果、整改方案等事项进行磋商。

磋商可以采取召开磋商座谈会、向行政机关发送事实确认书等方式进行，并形成会议记录或者纪要等书面材料。

案件承办人：

蓝红霞 吴冠军 邱 吉（杭州市拱墅区人民检察院）

案例撰写人：

张伊雨 吴冠军（杭州市拱墅区人民检察院）

责任编辑：

董 彬（杭州市人民检察院）

产废企业未依法处置
危险废物类案监督

杭州市临平区人民检察院
杭州市临安区人民检察院　建德市人民检察院

▌临平区检察院联合行政机关对涉违规存储危化品企业进行现场查看、调查取证

▋▋ 关键词

产废企业　违规处置　融合监督　监管机制

▋▋ 要旨

针对产废企业在贮存、管理、转移危险废物中存在的行政监管混乱、违规处置危废物等普遍性问题，检察机关通过搭建数字模型，设定异常数据智能化预测预警，将线索分类移送职能部门，跟踪监督线索处置情况，实现检察融合履职。坚持监管与服务并重，通过分类施治、合规建设，生动实践预防性公益诉讼，助力涉危废行业营商环境优化提升。主导构建多元主体参与的市域内危废领域长效监管机制，全面提升环境风险防控能力，以高质量生态环境保障经济社会高质量发展。

▋▋ 基本情况

杭州市临平区人民检察院（以下简称"临平区院"）、杭州市临安区人民检察院（以下简称"临安区院"）、建德市人民检察院（以下简称"建德市院"）在履职中发现，部分产废企业获得环境影响评估批复后，未按法律规定将危险废物交由有资质单位处置，而是自行随意堆放，造成环境严重污染；部分企业未按规定备案经营、违规贮存危险废物，相关问题涉及危废处置全流程的多个环节，相关行政监管存在漏洞。经研判，各院组建数字办案专班，调取辖区内重点行业企业名录、危废申报转运处置数据、环评及纳税数据等信息资料，构建危废治理数据池，并运用浙江省人民检察院数据应用平台进行"数字画像"，精准查找监督线索。截至 2023 年 5 月，已发现涉嫌未规范处置危废的企业 519 家，涉及汽修行业 216 家，同时还发现未在交通局备案的汽修商户 66 家。经现场抽样调查，违法违规情况与数据结构高度一致。后向行政主管部门制发诉前检察建议，推动在辖区内开展产废企业违规处置危险废物整治专项行动，发现并指导企业立整立改问题74个，拟立案处罚2家次，拟处罚金额200万余元，固废信息平台注册数增加200余家，小微收集企业合同签约数增加52家。通过发挥检察融合监督机制，共发现涉嫌刑事犯罪的案件线索10余条。

📊 个案线索发现

2022年5月，建德市院在办理张某某污染环境一案时发现：张某成立的金属制品公司在获得环境影响评估批复后未按照要求将产生的危险废物含油沉渣交由有资质的单位进行处置，而是自行将危险废物倾倒于露天破损的废弃水池中，最后造成环境严重污染，耗费生态修复等费用近52万元。同月，临平区院在办理江某污染环境一案时，发现江某在没有运输危废资质的情况下，收购汽修店废机油后转卖给钢管租赁站用于涂刷防锈，污染土壤面积超500立方米。同时，临安区院在履职中发现部分汽修店存在未按规定备案经营、贮存危险废物等问题。

以上三个检察院经前期走访摸排，发现此类现象并非个案，危险废物报批、生产、贮存、运输、处置等多个环节存在监管漏洞。检察机关认为有必要运用数字化手段搭建数据模型破解监管难题，通过数据归集、碰撞，摸排可能未依法处置危险废物的产废企业，依法落实严格监管。

📊 数据分析方法

数据来源

1.浙江省固体废物监管平台的产生危废物的企业数据、环境影响评估报告、危险废物转运数据（源于环保部门）；

2.医疗机构、医疗企业名录（源于卫健部门、经信部门）；

3.汽修行业商户名录（源于市场监管部门、交通部门）；

4.企业年报名录（源于市场监管部门）；

5.高压变电用户数据（源于供电公司）；

6.产废企业纳税数据（源于税务部门）；

7.产废企业产值数据（源于统计部门）；

8.医疗危险废物转运数据（源于卫健部门、有资质处置此类危险废物的企业）。

数据分析关键词

企业纳税数、危废转运数、危险废物、企业名称、统一信用代码企业类型、年产生量、医疗废物、医药废物、处置单位、运输单位。

数据分析步骤

第一步：（1）编辑环评企业名录：以"企业名称""统一信用代码""危险废物""年产生量"为关键词统计环评报告中产生危废物的企业数据；（2）编辑平台申报产危险废物的企业名录：以"企业名称""统一信用代码""企业类型"为关键词归纳浙江省固体废物监管平台内申报产生危废物的企业数据；（3）研判危废转运数据：以"企业名称""统一信用代码""转运危废数""处置单位""运输单位"为关键词系统分析从浙江省固体废物监管平台调取的危废转运单，提炼危废转运数据；（4）分类梳理申报与未申报的企业名录：以"统一信用代码"为关键词，对环评企业名录与平台申报产危险废物的企业名录进行数据比对，编辑申报和未申报的企业名录。

第二步：对第一步中梳理出的未申报企业名录与纳税企业名单（或高压变电用户名单或企业年报名录）进行比对，确定相关企业是否继续经营：（1）确定不再经营的，不予监督；（2）确定正在经营或者继续经营的，则予以监督。

第三步：对第一步中梳理出的有申报企业名录，进一步将产废数据与危废转运数据进行比对：（1）若危废转运数据≥产废数据的，则不予以监督；（2）危废转运数据<产废数据的，则依法进行监督。

第四步：由于汽修行业自2021年不再强制进行环境影响评估，因此只需将汽修行业商户名单与平台申报产危险废物的企业名单进行比对：（1）若企业无申报记录的，与纳税企业名单（或高压变电用户名单或企业年报名录）进行比对，确定是否继续经营：①确定不再经营的，不可监督；②确定经营的，则可监督；（2）若有申报记录，再与危废转运数据进行比对：①若危废转运数据≥产废数据的，则不可监督；②危废转运数据＜产废数据的，则可监督。

第五步：医疗废物处置具有特殊性，医疗机构和医药企业均通过浙江省医疗废物监管平台上报数据，施行线下转运、处置，不包括在第一步基于"浙江省固体废物监管平台"生成的平台申报产危险废物的企业名录中。因此只需将医疗机构、医药企业与环评企业名录进行比对，（1）针对无环评企业名录，与纳税企业名单（或高压变电用户名单或企业年报名录）进行比对，确定是否继续经营：①不再经营的，不可监督；②继续经营的，则可监督。（2）对于有环评企业，与医疗危险废物转运数据进行比对：第一种情况，若无医疗危险废物转运数据的，与纳税企业名单（或高压变电用户名单或企业年报名录）进行比对，确定是否继续经营：①不再经营的，不可监督；②继续经营的，则可监督。第二种情况，若有医疗废物转运数据的：①若转运数据≥产废数据，则不可监督；②转运数据＜产废数据的，则可监督。

思维导图

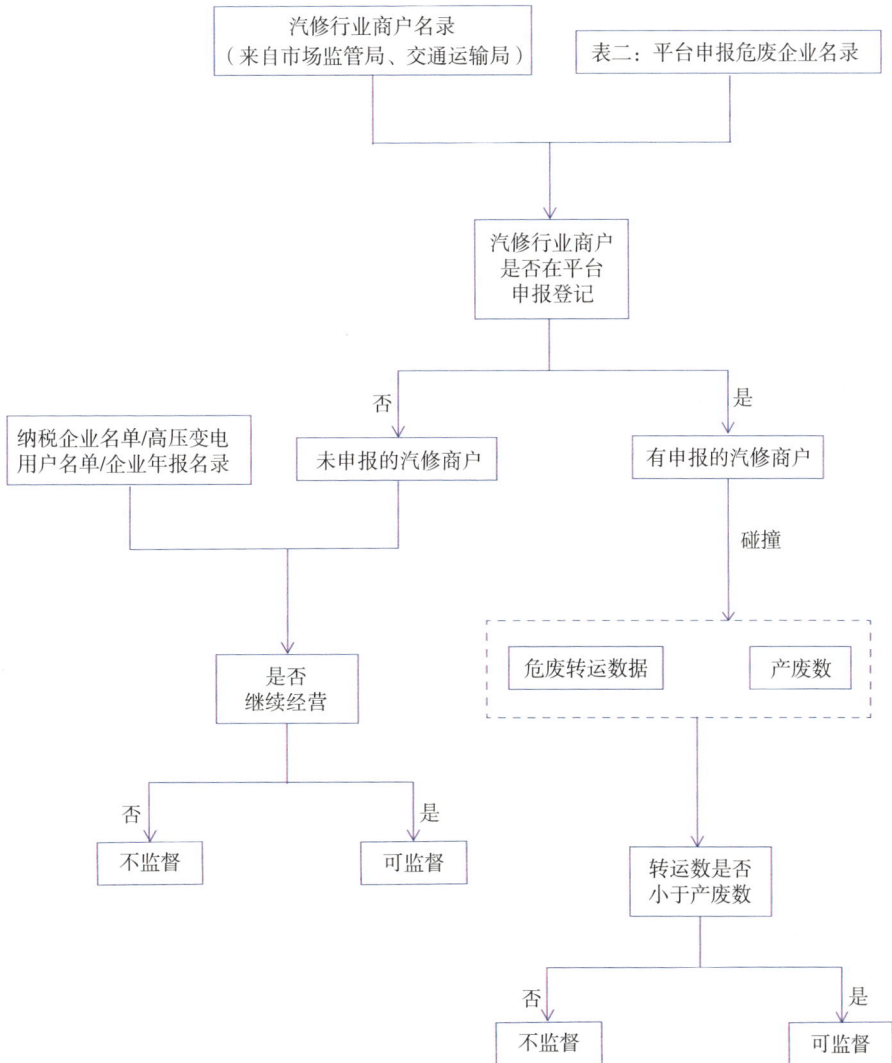

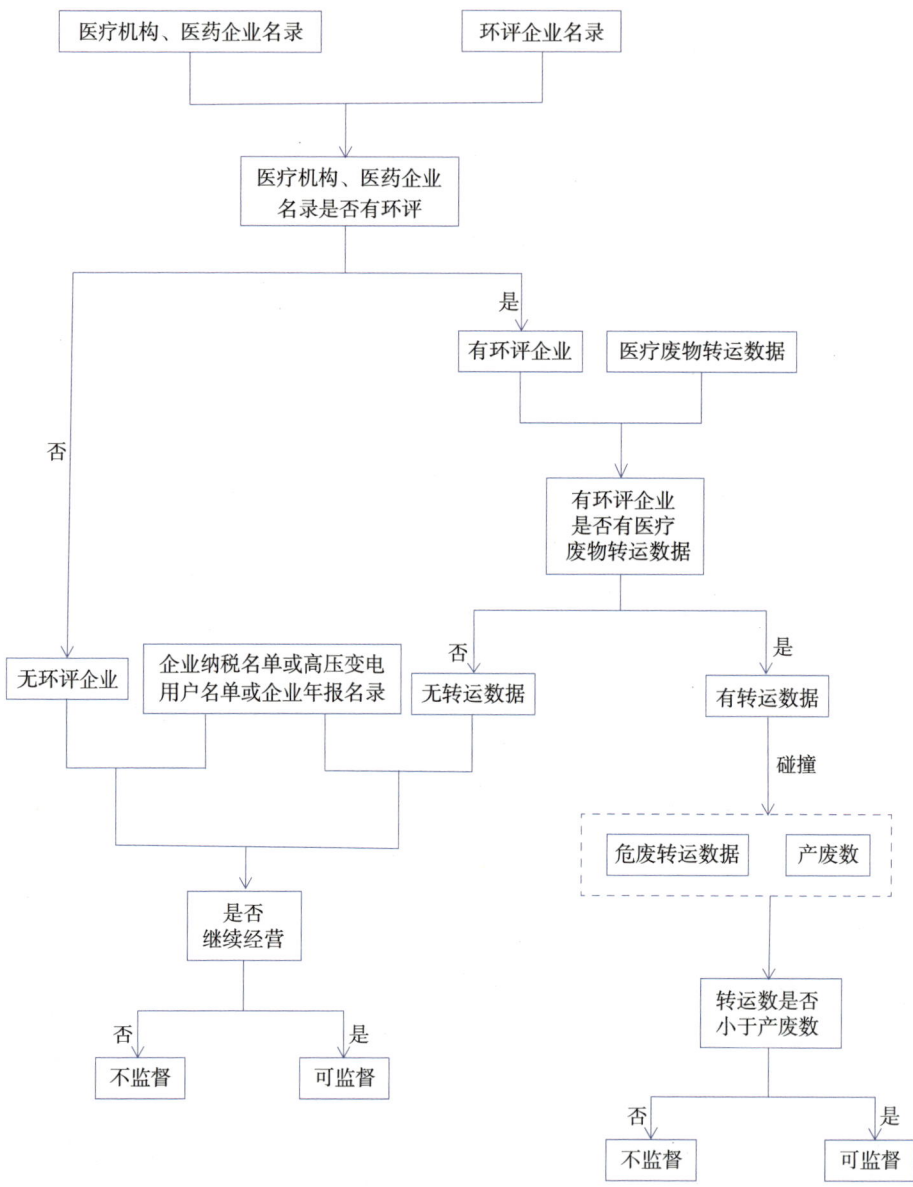

```
┌─────────────────────────┐          ┌─────────────────┐
│  医疗机构、医药企业名录   │          │   环评企业名录    │
└─────────────────────────┘          └─────────────────┘
            │                                 │
            └────────────────┬────────────────┘
                             ▼
                  ┌─────────────────────┐
                  │  医疗机构、医药企业   │
                  │   名录是否有环评      │
                  └─────────────────────┘
                   │                   │
                  否                   是
                   │                   ▼
                   │        ┌──────────┐  ┌──────────────────┐
                   │        │ 有环评企业 │  │ 医疗废物转运数据  │
                   │        └──────────┘  └──────────────────┘
                   │             │              │
                   │             └──────┬───────┘
                   │                    ▼
                   │          ┌──────────────────┐
                   │          │   有环评企业       │
                   │          │  是否有医疗        │
                   │          │  废物转运数据      │
                   │          └──────────────────┘
                   │            │              │
                   │           否              是
                   │            ▼              ▼
  ┌──────────┐ ┌──────────────────┐ ┌───────────┐  ┌───────────┐
  │ 无环评企业│ │ 企业纳税名单或高压变电│ │ 无转运数据 │  │ 有转运数据 │
  └──────────┘ │ 用户名单或企业年报名录│ └───────────┘  └───────────┘
      │        └──────────────────┘                     │
      │              │                                  碰撞
      └──────┬───────┘                                  │
             ▼                              ┌ ─ ─ ─ ─ ─ ─┼─ ─ ─ ─ ─ ┐
      ┌──────────┐                          │ ┌──────────────┐ ┌────────┐ │
      │   是否     │                          │ │ 危废转运数据  │ │ 产废数  │ │
      │  继续经营  │                          │ └──────────────┘ └────────┘ │
      └──────────┘                          └ ─ ─ ─ ─ ─ ─┼─ ─ ─ ─ ─ ┘
        │       │                                        ▼
       否       是                              ┌──────────────┐
        ▼       ▼                              │  转运数是否    │
  ┌────────┐ ┌────────┐                        │  小于产废数    │
  │ 不监督  │ │ 可监督  │                        └──────────────┘
  └────────┘ └────────┘                          │            │
                                                否            是
                                                 ▼            ▼
                                           ┌────────┐   ┌────────┐
                                           │ 不监督  │   │ 可监督  │
                                           └────────┘   └────────┘
```

⫿⫿. 检察融合监督

公益诉讼检察监督

临平区院、临安区院、建德市院从案件办理中发现社会治理症结，能动发挥检察职能，积极调查核实。以整合危险废物管理业务流程为着力点，将收集、贮存到转运、处置的全生命周期数据开展碰撞比对。截至 2023 年 5 月，已发现可能未规范转移危废的产废企业 519 家，其中汽修行业有 216 家，另发现未在交通局备案的汽修商户 66 家。经现场核查，确认存在未规范贮存、管理、转移危险废物、涉嫌损害生态环境的情形。为聚力诉源治理，办案组连续走访环保、公安、卫健等多个职能部门及行业协会、重点企业，从碎片化信息集成多跨数据链路，精准锁定数字线索，通过制发检察建议督促 66 家问题汽修企业补办备案手续。

刑事检察监督

通过数据模型的可视化比对，将线索获取从被动受案接访到主动碰撞发现，再到分类移送监督实现闭环，重塑了"线索预警—平台转介—部门移送—检察监督"模式。截至 2023 年 5 月，平台已有效筛查可能涉嫌刑事犯罪的案件线索 10 余条，经平台预警和联动审核后将案件线索移交侦查机关进一步研判。针对其他涉及轻微违法情形的，分类移送至行政机关开展调查。

涉案企业合规机制

落实"首违不罚""轻微不罚"政策，充分考虑企业营商需求，为中小微企业量身定制环境保护预防性合规方案，联合环保部门约谈违法情节较轻的企业，并制发《危险废物合规处置告知书》，督促其限期自行整改、加快企业合规建设，对期限内拒不整改的企业依法进行处罚。落实检察职责，探索刑事涉案合规不起诉和企业环保合规行政不处罚的衔接配合机制。

社会治理成效

检察机关重点筹划推进高风险危废行业涉案企业合规建设与企业预防性合规计划,分类施策,努力由事后"亡羊补牢"向事前"未雨绸缪"转变,杜绝"办理一个案件,垮掉一个企业"。联合多部门制定专项预防性合规指引,护航辖区内危废行业规范健康发展,探索实现刑事合规、行政合规、行业合规的衔接配合。积极帮助涉案小微企业探索开展危废处置简式合规的有效路径,结合危险废物豁免、排污许可申请等程序促进危险废物认定精细化、鉴别明确化、排放管理统一化,实现合规经营正向价值转化为优化法治化营商环境的实效。

为加快构建多方参与的"环境安全社会共治"的防控体系,检察机关通过积极走访调查、咨询专家、座谈论证,以一案办理锁定批量同类案件进行多案纠错,形成"立机制、建平台、抓协同、促办案"的危废违法处置专项监督方案。组织起草辖区范围内危险废物专项整治和长效治理专报,向党委政府提出有价值可落地的系统性意见建议。开展环保宣传,形成公众参与合力。构建危险废物长效监管机制,破局危废处置社会治理的惯常症结,有效构筑防控危险废物污染环境的社会治理屏障。

办案指引

危险废物成分复杂,对其进行全面安全管控事关生态环境保护和人民群众健康。但从当前危废治理总体形势看,部分地区存在监管漏洞,且因无直接被害人、社会公众参与不足而缺乏案件线索来源。从单位主体看,违法企业大多缺乏合规意识,进行了工商注册、环评审批但未按规定申请危废经营许可,如主管部门疏于严查则以不规范手段处置危险废物。在案件办理中,检察机关精准摸索,通过借助信息化手段,助力实现危险废物全流程监管。

（一）打破数据孤岛，实现危废可视化监管

针对案件办理和数据建模过程中发现的市（区）域内医疗、汽修等重点行业"产危险废物的企业名录不全，危险废物底数不清"的监管痛点，检察机关坚持"业务主导、数据整合、技术支撑、重在应用"的数字检察工作机制。打破数据孤岛，横向纳入固废信息平台、危废在线闭环监管系统等多平台数据，解决因属性、模式不同而客观存在的信息不对称和零散式监督问题，实现"能定位、能查询、能跟踪、能预警、能溯源"的危险废物全过程可视化溯源监管，及时对示警产处数据异常企业进行调查核实、跟进处置。

（二）锚定关键领域，打造融合共治架构

检察机关以问题为导向，树立大融合、大共享、大协同工作理念，依托大数据赋能检察监督，对危废领域开展专项建模，以个案办理和行政登记审批数据为基础信息来源，形成"个案查获—规律提炼—数据归集—碰撞比对—结果研判—线索挖掘—移送调查—检察监督—社会治理"的大数据赋能危废管理检察监督高效路径，助推解决治理漏洞深层问题，贯彻"保护优先、预防为主"的原则，以"四大检察"融合履职织密生态环境保护网。通过检察融合履职锚定专门领域管理重难点，以数字化手段破局危险废物预防性、恢复性检察监督，形成融合共治架构。同时综合考量环境治理的系统性、完整性，突破"政府统管型"环境治理模式缺陷，构建职能部门行业协会等多元主体积极参与、互动协商、共同发力的思维范式，灵活选择检察听证、多方座谈、专家咨询等多形式，协同共治危险废物损坏生态环境社会公共利益问题。

（三）量身定制方案，构建长效监管机制

检察机关秉持人民至上理念，坚持监管与服务并重。分类梳理危废产处企业的经营特点和共性困难，借助专业人员支持，精准性、针对性主持制订产危险废物的企业环境保护合规方案、预防性合规方法，叠加合规激励措施。既激发涉案企业的合规积极性，更做好非涉案企业的一

般预防。通过行业合规、事前合规等多种方式主动引导危废行业企业绿色发展，以达到"办理一起案件、扶助一批企业、规范一个行业"的高质效，助力优化法治化营商环境。不断发挥法律监督职能优势，做到关口前移、重心下移，构建起事前防范、事中控制、事后监督共抓的长效监管机制。坚持"发现在早、防范在先、处置在小"的生态环境保护治理目标，努力实现危废全生命周期可视化，全力答好生态环境保护的检察答卷。

📊 法律法规依据

1.《中华人民共和国刑法》第三百三十八条第一款　违反国家规定，排放、倾倒或者处置有放射性的废物、含传染病病原体的废物、有毒物质或者其他有害物质，严重污染环境的，处三年以下有期徒刑或者拘役，并处或者单处罚金；情节严重的，处三年以上七年以下有期徒刑，并处罚金；有下列情形之一的，处七年以上有期徒刑，并处罚金：

（一）在饮用水水源保护区、自然保护地核心保护区等依法确定的重点保护区域排放、倾倒、处置有放射性的废物、含传染病病原体的废物、有毒物质，情节特别严重的；

（二）向国家确定的重要江河、湖泊水域排放、倾倒、处置有放射性的废物、含传染病病原体的废物、有毒物质，情节特别严重的；

（三）致使大量永久基本农田基本功能丧失或者遭受永久性破坏的；

（四）致使多人重伤、严重疾病，或者致人严重残疾、死亡的。

2.《中华人民共和国行政诉讼法》第二十五条第四款　人民检察院在履行职责中发现生态环境和资源保护、食品药品安全、国有财产保护、国有土地使用权出让等领域负有监督管理职责的行政机关违法行使职权或者不作为，致使国家利益或者社会公共利益受到侵害的，应当向行政机关提出检察建议，督促其依法履行职责。行政机关不依法履行职责的，人民检察院依法向人民法院提起诉讼。

3.《中华人民共和国固体废物污染环境防治法》第九条第二款　地方人民政府生态环境主管部门对本行政区域固体废物污染环境防治工作实施统一监督管理。地方人民政府发展改革、工业和信息化、自然资源、住房城乡建设、交通运输、农业农村、商务、卫生健康等主管部门在各自职责范围内负责固体废物污染环境防治的监督管理工作。

第七十七条　对危险废物的容器和包装物以及收集、贮存、运输、利用、处置危险废物的设施、场所，应当按照规定设置危险废物识别标志。

第七十九条　产生危险废物的单位，应当按照国家有关规定和环境保护标准要求贮存、利用、处置危险废物，不得擅自倾倒、堆放。

4.《最高人民法院、最高人民检察院关于检察公益诉讼案件适用法律若干问题的解释》第二十一条第二款　行政机关应当在收到检察建议书之日起两个月内依法履行职责，并书面回复人民检察院。出现国家利益或者社会公共利益损害继续扩大等紧急情形的，行政机关应当在十五日内书面回复。

5.《危险废物转移管理办法》第四条第一款　生态环境主管部门依法对危险废物转移污染环境防治工作以及危险废物转移联单运行实施监督管理，查处危险废物污染环境违法行为。

第七条第一款　转移危险废物的，应当通过国家危险废物信息管理系统（以下简称信息系统）填写、运行危险废物电子转移联单，并依照国家有关规定公开危险废物转移相关污染环境防治信息。

第二十条　危险废物电子转移联单数据应当在信息系统中至少保存十年。

因特殊原因无法运行危险废物电子转移联单的，可以先使用纸质转移联单，并于转移活动完成后十个工作日内在信息系统中补录电子转移联单。

第二十九条第一款　违反本办法规定，未填写、运行危险废物转移联单，将危险废物以副产品等名义提供或者委托给无危险废物经营许可证的单位或者其他生产经营者从事收集、贮存、利用、处置活动，或者未经批准擅自跨省转移危险废物的，由生态环境主管部门和公安机关依照《中华人民共和国固体废物污染环境防治法》有关规定进行处罚。

6.《浙江省固体废物污染环境防治条例》第五十二条 危险废物产生单位贮存危险废物，应当采取符合国家和省环境保护标准的防护措施，贮存期限不得超过一年；确需延长的，应当在期满前三十日内通过省固体废物治理系统变更危险废物管理计划，说明延长的期限和理由。延长期限不得超过一年。

案件承办人：

危险废物类案监督办案团队

（建德市人民检察院、杭州市临平区人民检察院、杭州市临安区人民检察院）

案例撰写人：

叶小萍　朱　昊（建德市人民检察院）

责任编辑：

周　昆（杭州市人民检察院）

涉"空壳公司"类案监督

杭州市拱墅区人民检察院

拱墅区检察院和市场监督管理部门对接"空壳公司"监督治理应用场景共建

关键词

空壳公司　犯罪工具　检行协作　数字化治理

要旨

空壳公司是指已经注册成立，但没有实际经营业务的公司，因具有隐蔽性，空壳公司已成为多种高发犯罪的工具。检察机关依法能动履职，解析涉空壳公司刑事犯罪个案，提炼空壳公司类违法犯罪特征要素，构建数字监督模型，深挖空壳公司法律监督类案线索。透过案件发现深层次问题，通过深化"检行共治"，推动跨部门高效协同数字化治理，促进诉源治理。检察机关在办案中充分发挥检察一体化办案机制优势，上下一体联动、内部职能融合，实现检察资源配置最优化，有力提升检察监督质效。

基本情况

不法分子利用商事登记的便利性，大量注册空壳公司转卖牟利，或利用空壳公司实施电信网络诈骗、偷逃税、为网络黑灰产"洗钱"等违法犯罪行为，违背"放管服"改革初衷，严重破坏经济秩序，亟待进行治理。但行政主管部门与执法司法机关之间存在数据壁垒、信息不畅等问题，作为违法犯罪工具的空壳公司难以被及时发现并处置，甚至相关刑事案件办结后仍然控制在上游组织者手中继续被用于违法犯罪。检察机关通过提炼空壳公司类违法犯罪特征数据要素点，建立数字办案模型，从核心业务数据中深挖空壳公司类案线索。以检察建议助推行政主管部门开展专项治理，以专题检察情况反映向党委汇报空壳公司留存及衍生犯罪问题，会同相关部门签订常态化协作工作机制，共建综合治理多跨应用场景。通过强化刑行衔接、检行协作，推动行业监管、信用惩戒，斩断相关黑灰产业链，促进诉源治理。

📊 个案线索发现

杭州市拱墅区人民检察院（以下简称"拱墅区院"）在办理樊某某等人买卖国家机关证件案中发现，樊某某注册成立某某财务管理公司，通过网络对外发布广告，宣传、联系"掮客"购买用于注册空壳公司的法定代表人身份信息和地址信息。材料收集齐全后，樊某某等人先利用线上办理平台向工商部门申请注册公司营业执照，后带领"法定代表人"前往行政服务中心领取营业执照、到达银行以虚假陈述手段骗取开通银行对公账户。其后，将所办理的空壳公司营业执照、对公账户以每套数千元不等价格对外出售。经查，樊某某等人先后注册空壳公司达50余家，该类空壳公司的银行对公账户均被用于电信网络诈骗及境外网络赌博的资金转移活动。

此类利用空壳公司实施犯罪的案件并非个案，近三年浙江检察机关所办案件中，空壳公司留存及衍生犯罪问题严峻，涉及虚开发票罪、合同诈骗罪、帮助信息网络犯罪活动罪、集资诈骗罪等多个罪名，且形成了上中下游紧密衔接的黑灰产业链，有必要开展数字化类案监督治理。

📊 数据分析方法

数据来源

1. 起诉意见书（源于全国检察业务应用系统 2.0）；

2. 审查报告（源于全国检察业务应用系统 2.0）；

3. 企业基本信息（源于市场监管部门）；

4. 企业税款缴纳信息（源于税务部门）；

5. 企业社保参保信息（源于人社部门）；

6. 企业异常信息（源于市场监管部门、税务部门）。

数据分析关键词

一是从检察机关办理的刑事案件切入，包括涉"电诈""两卡"类案件，涉虚开骗税类案件，涉公民个人信息类案件等，以"营业执照""对公账户""公司注册登记"等为关键词，检索检察办案数据，获取涉案空壳公司。二是将涉案空壳公司信息与市场监管、人社、税务等部门的基础信息进行数据比对、碰撞，摸排涉案公司的关联公司（同一法定代表人、相同地址、同一代理人等），形成潜在的涉案空壳公司名单库。三是梳理已办案件，提炼空壳公司异常规则，如名称异常、法定代表人年龄身份异常、多个公司成立时间接近、同一地址注册大量公司、同一代办公司、同一委托代理人短期代办大量公司、无缴税记录、无缴纳社保记录等，融合运用检察办案和市场监管、税务、人社等政法政务数据进行分析挖掘，形成异常公司名单库。

数据分析步骤

第一步：采集全国检察业务应用系统 2.0 中相关案件的起诉意见书、审查报告。涉"电诈""两卡"类案件，案由为诈骗、帮助信息网络犯罪活动、买卖国家机关证件、掩饰隐瞒犯罪所得、非法经营等；涉虚开骗税类案件，案由为虚开增值税专用发票、用于骗取出口退税、抵扣税款发票等；涉公民个人信息类案件，案由为侵犯公民个人信息等。

第二步：通过"营业执照""对公账户""公司登记注册"等关键词检索，进一步锁定案件范围。

第三步：对上述案件的起诉意见书、审查报告进行结构化处理，提取涉案公司名称。

第四步：将第三步提取出的公司名称与市场监管部门的企业登记信息碰撞后，获取公司的详细信息，如法定代表人、公司登记注册地址、公司状态等。

第五步：将第四步碰撞产生的公司详细信息，分别与税务部门的企业税款缴纳信息、人社部门的企业社保参保信息碰撞，进一步筛选出无社保缴纳痕迹、无税款缴纳痕迹等未实际经营的公司信息，获取行政检察监督的线索。

第六步：根据第五步筛选出的公司信息，从市场监管部门的企业登记信息中筛查出与这些公司法人相同、登记注册地址雷同的关联企业信息。

第七步：将第六步提取的关联企业信息与市场监管部门、税务部门的企业异常信息（如地址异常、年报异常、开票异常、冒用身份信息投诉等）碰撞，获取刑事检察监督的线索。

思维导图

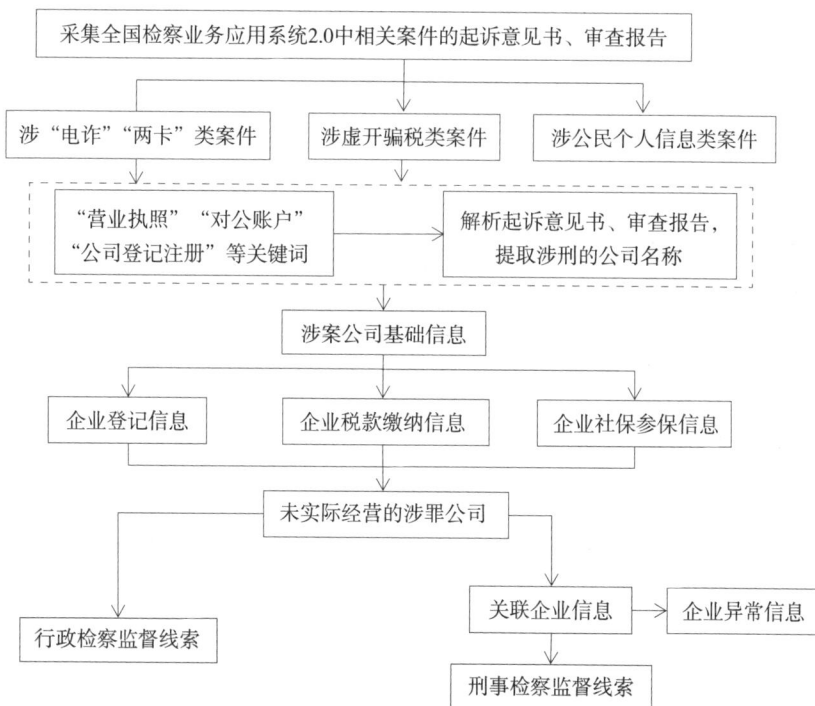

⊞ 检察融合监督

刑事检察监督

通过数据分析摸排出涉案公司及关联企业 400 余家,将其中涉嫌买卖身份信息、虚开骗税的 33 条犯罪线索移送至公安机关,已立案 8 件 8 单位 9 人,移送起诉 1 件 1 单位 1 人。

行政检察监督

将摸排出的 400 余家企业,以《线索移送函》的形式移送给行政主管部门建议核查公司营业状况,对空壳公司吊销营业执照,同时建议开展空壳公司专项整治行动,利用大数据排查等方式加强日常巡查。行政主管部门已依法对 74 家涉嫌犯罪的空壳公司作出吊销营业执照的行政处罚,将 200 余家无社保缴纳记录、无缴税记录、同一地址注册多家公司等异常公司列入经营异常名录,并在全区范围内开展空壳公司专项检查。

公益诉讼检察监督

针对办案中发现的涉案空壳公司开具增值税专用发票涉嫌偷逃税款的行为,公益诉讼检察部门立案后开展调查取证,通过磋商协助相关职能部门对 67 家公司共计 400 万余元的偷逃税款开展税款追缴等工作。

⊞ 社会治理成效

案件办理后,针对案件反映的职能衔接不畅、信息共享不及时、传统监管手段滞后等,以及对异常信息的辨识和预警能力不足等"管不了、管不到、管不透"的问题,拱墅区院通过撰写调研报告、检察情况反映积极争取党委政府支持,推动区委政法委牵头,会同公安、人社局、市监局、税务局等部门签订《关于综合治理虚假注册公司共同守护法治营商环境工作机制的意见》。成立工作专班,共建"空壳公司监督治理"多跨应用场景，打通检察、公安、市场监管、税务、人社等部门业务数据，构建"异常公司自动预警模块"，通过跨部门的数据联通和碰撞，及时自动精准感知空壳公司，让数据在检察机关的推动下"跑"出数字化治理"加速度"。

2022年1月，杭州市人民检察院在全市启动净化"空壳公司"专项行动，打造"治理协同中心"，横向联通公安、市场监管、税务、人社等部门，纵向贯通市、区（县）两级，实现对空壳公司相关案件线索全面贯通、全线协同、全程留痕的长效动态治理。截至2023年5月，全市已向公安机关移送犯罪线索22件，刑事立案11件，向市场监管部门移送空壳公司信息1740家，市场监管部门通过专项整治行动已注销空壳公司29家，吊销289家，列入经营异常名录846家。同时，杭州市人民检察院推动构建跨部门的信用风险联合管控体系和"黑名单"制度，进一步规范市场主体准入，有力保障全市营商环境建设。

2022年4月，浙江省人民检察院在全省部署"净化空壳公司"专项行动，三级检察机关联动，已构建"涉诈类""涉税类""涉康养类""涉补助类"等11类数字办案模型，向公安机关移送涉"空壳公司"类犯罪线索并刑事立案200余件，向市场监管部门移送并清理空壳公司3000余家。"空壳公司监督治理应用场景"成为"检察大数据法律监督—协同共治"的重要组成部分，被纳入省委政法委数字法治"一本账S3"，并获评浙江省数字法治好应用。

📊 办案指引

（一）注重内部融合，在个案办理中深挖监督线索

一是树立一体化办案理念。坚持"四大检察"融合发展，打破部门、条线界限，树立数字监督一体化办案理念。在空壳公司监督治理中，案件办理经由刑事检察部门到行政检察部门、公益诉讼检察部门再回到刑事检察部门的过程，部门间密切合作、共同发力，取得了良好效

果。二是建立融合监督机制。为破解法律监督线索发现难、案件查办难等问题，检察内部以建立数字化融合监督工作机制为突破口，办案小组通过解析个案、梳理数据分析研判要素，共同研讨形成数据分析研判模型，实现高效精准摸排类案线索。三是组建融合监督团队。充分发挥"四大检察"优势，融合运用审查、调查、侦查"三查融合"手段，在监督线索融合研判、监督案件融合查办上整合力量，最大限度地释放监督效能。

（二）加强外部协同，由点及面打开监督局面

检察机关法律监督追求双赢多赢共赢，将大数据与法律监督有机结合，更应将重点落在党委政府关注、政法同行关心、人民群众关切的问题上，以争取各相关单位的支持来凝聚合力，以大数据赋能监督来放大治理成效。涉"空壳公司"监督类案就是以"小切口"争取"大支持"的典型案例。拱墅区院会同公安、市场监管、税务等部门，建立线索移送反馈、快速联动查处、定期案情通报等工作机制，形成空壳公司治理"快通道"。将类案监督的"点"变成社会治理的"面"，推动各职能部门协同，实现涉"空壳公司"领域的系统治理。

（三）推进共治共享，借势借力形成良性循环

数字检察关键是要借助大数据"撬动"法律监督，实现监督能力、监督质效的跃升。实践中，检察机关锚定数据应用的监督场景，以监督推进共享，以共享赋能监督，形成两者相辅相成、相互促进的良性循环。在系统治理空壳公司阶段，检察机关注重借势借力，把握与相关单位的共性需求、多赢节点，以"共建共享"为路径，建立跨部门协同共治格局，通过"柔性"问题提示和"刚性"监督手段相结合，激发各部门自我监督的内生动力与自觉性，推进职能部门更加积极主动规范履职，从而发挥出检察机关法律监督的治理效能。

⬛ **法律法规依据**

1.《中华人民共和国刑法》第一百九十一条　为掩饰、隐瞒毒品犯罪、黑社会性质的组织犯罪、恐怖活动犯罪、走私犯罪、贪污贿赂犯罪、破坏金融管理秩序犯罪、金融诈骗犯罪的所得及其产生的收益的来源和性质，有下列行为之一的，没收实施以上犯罪的所得及其产生的收益，处五年以下有期徒刑或者拘役，并处或者单处罚金；情节严重的，处五年以上十年以下有期徒刑，并处罚金：

（一）提供资金帐户的；

（二）将财产转换为现金、金融票据、有价证券的；

（三）通过转帐或者其他支付结算方式转移资金的；

（四）跨境转移资产的；

（五）以其他方法掩饰、隐瞒犯罪所得及其收益的来源和性质的。

单位犯前款罪的，对单位判处罚金，并对其直接负责的主管人员和其他直接责任人员，依照前款的规定处罚。

第二百零五条　虚开增值税专用发票或者虚开用于骗取出口退税、抵扣税款的其他发票的，处三年以下有期徒刑或者拘役，并处二万元以上二十万元以下罚金；虚开的税款数额较大或者有其他严重情节的，处三年以上十年以下有期徒刑，并处五万元以上五十万元以下罚金；虚开的税款数额巨大或者有其他特别严重情节的，处十年以上有期徒刑或者无期徒刑，并处五万元以上五十万元以下罚金或者没收财产。

单位犯本条规定之罪的，对单位判处罚金，并对其直接负责的主管人员和其他直接责任人员，处三年以下有期徒刑或者拘役；虚开的税款数额较大或者有其他严重情节的，处三年以上十年以下有期徒刑；虚开的税款数额巨大或者有其他特别严重情节的，处十年以上有期徒刑或者无期徒刑。

虚开增值税专用发票或者虚开用于骗取出口退税、抵扣税款的其他发票，是指有为他人虚开、为自己虚开、让他人为自己虚开、介绍他人虚开行为之一的。

第二百零五条之一 虚开本法第二百零五条规定以外的其他发票，情节严重的，处二年以下有期徒刑、拘役或者管制，并处罚金；情节特别严重的，处二年以上七年以下有期徒刑，并处罚金。

单位犯前款罪的，对单位判处罚金，并对其直接负责的主管人员和其他直接责任人员，依照前款的规定处罚。

第二百六十六条 诈骗公私财物，数额较大的，处三年以下有期徒刑、拘役或者管制，并处或者单处罚金；数额巨大或者有其他严重情节的，处三年以上十年以下有期徒刑，并处罚金；数额特别巨大或者有其他特别严重情节的，处十年以上有期徒刑或者无期徒刑，并处罚金或者没收财产。本法另有规定的，依照规定。

第二百八十条第一款 伪造、变造、买卖或者盗窃、抢夺、毁灭国家机关的公文、证件、印章的，处三年以下有期徒刑、拘役、管制或者剥夺政治权利，并处罚金；情节严重的，处三年以上十年以下有期徒刑，并处罚金。

第二百八十七条之二第二款 明知他人利用信息网络实施犯罪，为其犯罪提供互联网接入、服务器托管、网络存储、通讯传输等技术支持，或者提供广告推广、支付结算等帮助，情节严重的，处三年以下有期徒刑或者拘役，并处罚金或者单处罚金。

2.《中华人民共和国公司法》（2024 年 7 月 1 日起施行）第二百五十条 违反本法虚报注册资本、提交虚假材料或者采取其他欺诈手段隐瞒重要事实取得公司登记的，由公司登记机关责令改正，对虚报注册资本的公司，处以虚报注册资本金额百分之五以上百分之十五以下的罚款；对提交虚假材料或者采取其他欺诈手段隐瞒重要事实的公司，处以五万元以上五十万元以下的罚款；情节严重的，撤销公司登记或者吊销营业执照；对直接负责的主管人员和其他直接责任人员处以三万元以上三十万元以下的罚款。

第二百六十条第一款 公司成立后无正当理由超过六个月未开业的，或者开业后自行停业连续六个月以上的，可以由公司登记机关吊销营业执照，但公司依法办理歇业的除外。

3.《中华人民共和国反电信网络诈骗法》第十七条 银行业金融机构、非银行支付机构应当建立开立企业账户异常情形的风险防控机制。金融、电信、市场监管、税务等有关部门建立开立企业账户相关信息共享查询系统，提供联网核查服务。

市场主体登记机关应当依法对企业实名登记履行身份信息核验职责；依照规定对登记事项进行监督检查，对可能存在虚假登记、涉诈异常的企业重点监督检查，依法撤销登记的，依照前款的规定及时共享信息；为银行业金融机构、非银行支付机构进行客户尽职调查和依法识别受益所有人提供便利。

4.《中华人民共和国市场主体登记管理条例》第四十条第三款 因虚假市场主体登记被撤销的市场主体，其直接责任人自市场主体登记被撤销之日起 3 年内不得再次申请市场主体登记。

第四十四条 提交虚假材料或者采取其他欺诈手段隐瞒重要事实取得市场主体登记的，由登记机关责令改正，没收违法所得，并处 5 万元以上 20 万元以下的罚款；情节严重的，处 20 万元以上 100 万元以下的罚款，吊销营业执照。

5.《人民检察院检察建议工作规定》第十一条第二项 人民检察院在办理案件中发现社会治理工作存在下列情形之一的，可以向有关单位和部门提出改进工作、完善治理的检察建议：

（二）一定时期某类违法犯罪案件多发、频发，或者已发生的案件暴露出明显的管理监督漏洞，需要督促行业主管部门加强和改进管理监督工作的。

案件承办人：

空壳公司监督治理办案团队（杭州市拱墅区人民检察院）

案例撰写人：

周　昆（杭州市拱墅区人民检察院）

责任编辑：

史笑晓　周秀美（杭州市人民检察院）

违规超重车辆虚假检测类案监督

杭州市西湖区人民检察院

检察官通过"区块链取证仪"审查违规超重车辆虚假检测案电子证据

关键词

虚假检验　提供虚假证明文件　违规车辆治理

要旨

检察机关从交通肇事案中发现机动车检测站非法提供虚假机动车安全技术检验报告的行业性问题。通过个案证据分析和大数据筛查违规车辆，从而挖掘背后涉嫌提供虚假证明文件的类案线索，融合刑事、公益诉讼履职，深挖职务犯罪线索，促进车辆管理行业深度治理。

基本情况

杭州市西湖区人民检察院（以下简称"西湖区院"）通过办理某交通肇事案件发现肇事车辆经过非法改装并严重超载。通过将刑事判决、行政处罚、交通管理部门车辆登记数据碰撞，联合公安机关查找发现，辖区内一家机动车检测站涉嫌使用违规手段检测，提供虚假机动车安全技术检验报告。在后续办理检测站涉嫌提供虚假证明文件罪一案中，通过梳理在案数据，锁定压地磅、换车厢、改参数三大造假手段。同时，将案件中发现的职务犯罪线索移送至检察机关刑事检察部门，将违规货车、检测站线索移送至交通管理部门、市场监管部门等，通过制发检察建议促使职能部门对违规货车和检测站进行查处、整治，堵塞监管漏洞、消除安全隐患。

个案线索发现

2021 年，西湖区院在一起交通肇事案中发现肇事工程运输车经过非法改装并严重超载，进而影响制动效果引发事故。检察机关追根溯源，协同交警部门对全市工程、货运车辆检测上牌流程进行审查，发现其中一家检测站的上牌检测量竟占全市的 47.96%。经公安机关立案侦查，发现该检测站为谋取非法利益，使用压地磅、换车厢、修改设备参数等方式弄虚作假，为存在超重问题的自卸货车提供虚假的机动车安全技术检验报告，帮助其违规上路行驶。最终，案涉检测站工作人员刘某等 8 人因犯提供虚假证明文件罪被判处有期徒刑四年六个月至二年不等。

在办案过程中，西湖区院发现该案并非个例，其折射出了复杂的行业乱象。一方面，该案关系公共安全，非法改装的超重车辆违规上路行驶，对人民群众的生命财产安全造成威胁。短短两年内，涉案检测站帮助违规上路行驶的百余辆超重货车中，已有 3 辆货车发生 3 起死亡事故。另一方面，该案反映了非法改装超重车辆违规检测上牌已形成一条灰黑产业链。重型货车生产、销售链条所牵涉的厂方、经销商、黄牛、监测站等对非法改装超重车辆问题互相包庇。综上，非法改装超重车辆违规过检上路行驶问题长期存在，个案的刑事打击远不能消除公共安全隐患，有必要通过大数据进行类案专项治理。

📊 数据分析方法

数据来源

1. 刑事判决书（源于法院）；

2. 行政处罚决定书、车辆登记信息（源于交通管理部门）；

3. 检测站检验数据、备查照片、视频（源于车管部门）；

4. 车辆卡口信息（源于交通管理部门）；

5. 公告车辆信息（源于工信部）。

数据分析关键词

货车、超载、超重、改装、登记机构、年检数据、备查监控录像。

数据分析步骤

第一步：筛查违规车辆。针对 5 年以来涉交通肇事罪刑事判决书、行政处罚决定书，以"货车""超载""超重""改装""登记机构"为关键字进行筛选，找出非法改装超重货车交通肇事案件和行政处罚案件。若同一改装货车曾被两次以上行政或刑事处罚的，则执法人员可能存在滥用职权等职务犯罪行为。

第二步：跟踪可疑检测站。通过刑事判决书和行政处罚发现非法改装超重货车后，提取车牌号，根据车牌号向车管部门查询为其进行上牌和年检的检测站。因为非法改装超重货车按照规定是不能过检的，所以该检测站可能涉嫌提供虚假证明文件。

第三步：统计验证。此类给非法改装超重货车开绿灯的检测站，相比正常检测站，对于自卸货车、工程车的检测数据畸高。为了进一步验证可疑检测站为非法改装车过检并非个别情况，向车管部门调取地市一级范围内工程车、自卸货车的检测数据，按照"检测站名称"进行统计排序，筛查出车辆检测数量畸高的检测站，如果与第二步发现的可疑检测站重合，就是重点监督对象。如杭州24家机动车检测站中，涉案的某检测站工程车新车上牌检测数量明显畸高。

第四步：锁定造假行为。西湖区院在办案中发现，机动车检测站违规检测的手法固定，可以归纳为三种：压地磅、换车厢、改参数。三种手法的最终目的都是使超重的货车达到"合格"标准，在行业内具有普遍性，被不法检测站反复使用，形成了较为固定的模式。所以，可以从这三种造假手段切入，对前三步发现的重点检测站开展调查，锁定其造假行为。

第一种"压地磅"，就是先让重物上磅预留负底数，再让待检货车上磅，让预留的负底数与待检货车超重质量抵消，使得质量达标。该种造假方法可以通过数据手段发现。首先，检测站整备质量检测环节按照规定要求同步录像上传至车管部门备查。其次，检测站地磅在特定时间段内只检测重型货车，使得"压地磅"行为难以与正常检测行为混同。最后，"压地磅"一般通过两种方式，一是待检车辆反复上地磅，二是非待检车辆上地磅。

待检车辆反复上地磅 非待检车辆上地磅

第二种"换车厢"，就是提前为待检货车置换外形类似、材质轻薄、无法承载重货的"值班车厢"，以便通过整备质量检测。该造假方法也可以通过数据手段识别。首先，换车厢所在的外廓检测环节，检测站需上传待检车辆外廓照片至车管所备查。其次，车辆原装车厢与"值班车厢"存在明显差异的，如原装车厢较"值班车厢"厚重，其底部横梁会比"值班车厢"多两组，对比车辆出厂公告照片和检测站上传照片是否同一，即可判断检测站是否造假。最后，由于"值班车厢"存在自行打刻、反复打刻 VIN 码（车架号）的现象，不如原装车厢清晰、整齐，仔细审查车架号照片也能发现调包情况。

第三种"改参数"，就是检测站私自改变地磅的标准系数，使得超重货车自然合格。该造假方法也可通过数据手段辨别。首先，我们发现

实际使用车辆车厢底部 检测站检测时车厢底部

实际使用车辆车厢车架号　　　　　　检测站检测时车厢车架号

检测站主要在"外廓检测""整备质量检测"两套电子设备上修改参数造假，而电子设备参数修改必然会留下痕迹。其次，质检部门会不定期对检测站进行检查，对改参数行为进行监督和整治，检察机关可以协同质检部门对重点检测站进行联合检查，核查其造假行为。

思维导图

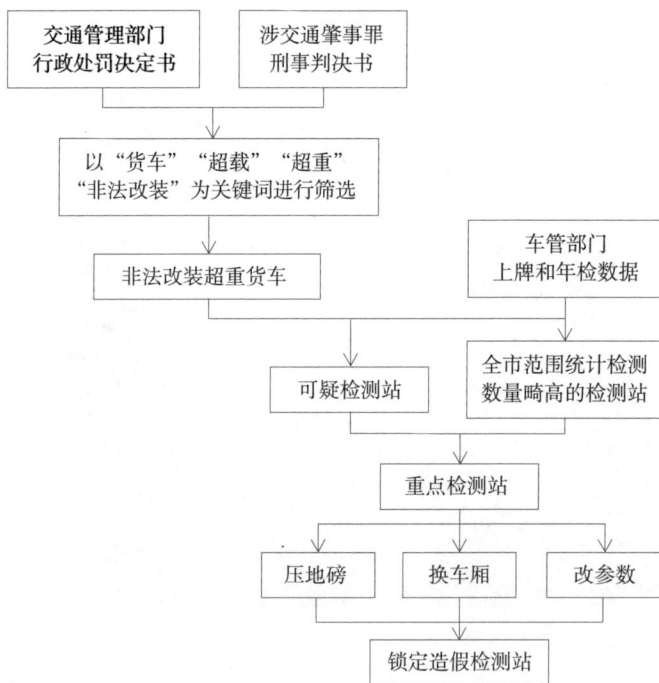

📊 检察融合监督

刑事检察监督

西湖区院对筛查出的 116 辆违规货车年检数据进行分析，发现 40 余家涉嫌犯罪的检测站，主要集中在外省某地。根据《沪苏浙皖检察机关服务保障扎实推进长三角一体化发展行动方案》等相关规定，遂将线索移送至当地检察机关，联合开展类案监督。其中，某市检察院调查发现当地 2 家检测站至少为 44 辆货车提供虚假证明文件，已向当地交通管理部门发出检察建议；某区检察院已引导公安机关开展刑事侦查。

职务犯罪侦查

针对发现的部分执法人员存在违法行为，导致大量非法改装货车上路行驶的情况，向监委移送职务犯罪线索，最终，杭州市某民警因犯受贿罪被判处有期徒刑三年六个月。根据非法改装货车事故发生的特点，杭州市人民检察院重点筛查同一改装货车曾发生两次以上交通肇事的情况，挖出背后司法工作人员职务犯罪线索 10 余条，于 2023 年 3 月以滥用职权罪对吴某等 3 人立案侦查。

公益诉讼检察监督

西湖区院将筛查出的非法改装超重货车信息与交通管理部门的车辆卡口信息进行比对，确定违规上路行驶的重点活跃车辆，向交通管理部门发出诉前检察建议书。相关案件被浙江省人民检察院和浙江省安全生产委员会作为十大安全生产专项案件挂牌督办。交通管理部门由此开展了为期 1 个月的重型自卸货车专项执法活动，排查辖区内重型自卸货车的后续年检和道路运输安全的违法情况，对 21 辆重型自卸货车作出行政处罚决定。同时，交通管理部门对发现的 100 多辆不符合质量检测标准的重型自卸货车，责令车主、挂靠企业法人限期整改。

行政检察监督

通过对全市范围刑事判决和行政处罚的筛查，检察机关发现 163 辆货车因非法改装行为被罚款后又因改装发生重大事故，构成犯罪。根据《道路交通安全法》第 16 条等相关规定，交警、运管部门对改装车辆有恢复原状等监管职责，其仅罚款但未将车辆恢复原状，造成车辆发生重大事故、构成犯罪的严重后果，检察机关遂对上述执法行为开展行政检察监督，以制发检察建议等方式督促其纠正，形成行业治理闭环。

⑪. 社会治理成效

一是协力推动生产厂家回购问题车辆。根据在案证据显示，部分汽车生产厂家对违规超重问题车辆的产生负有不可推卸的责任，应当对案涉问题车辆进行回收、整改。在交通管理部门及行政机关的协力推动下，相关汽车生产商均表示将积极参与回购问题车辆，并已出资完成部分车辆回购，从源头促进治理。

二是促推行业及监管部门出台规范。检察机关推动杭州市车管所制定《杭州车管查验员监督管理考核办法》，建立查验联合审核制度和双核查制度，规范和加强对从业人员的管理。由于此类问题在全国各地同样存在，引起了国家相关部委的重视。2022 年初，工业和信息化部、公安部针对相关问题出台了《关于进一步加强轻型货车、小微型载客汽车生产和登记管理工作的通知》，要求从"严把车辆检验机构检测关""强化车辆生产一致性监管""严格车辆登记管理"等方面加强监管。

⑪. 办案指引

违规超重车辆虚假检测类案监督的办理过程充分彰显了数字检察战略的现实意义，作为新时代检察人员，亟须养成"数字赋能监督，监督促进治理"的大数据理念，具体有以下四个方面：

（一）因时而动，转变办案思路

随着数字时代经济社会的发展，犯罪样态也在悄然间发生变化。检察官办理的案件从偶发、单一的个案为主转变为多发、集合的类案为主。犯罪对象呈无差别、规模化发展，犯罪手段呈链条化、科技化发展。经统计，2019 年至 2021 年，西湖区院类案收案量占全部收案量的比例分别为 11%、24%、35%，类案占比直线上升。类案会带来海量证据和重复数据，从打击的有效性、办案的集约性、成效的显著性角度来看，只有采取大数据思维方法，改变办案模式，方能顺应时代变革。

（二）跳出个案，全面审查证据

检察官应当全面审查每一份证据，而不是仅局限于定罪量刑的证据，从而了解案件发生的先导因素、根源性问题、行业内幕和问题现状。本案检察官在办案时，除了审查在案的全部证据外，还对机动车检测站行业进行了深入考察和调研。发现犯罪产生的直接原因是监管部门对检测站、检测人员、检测结果监督的部分缺位。最终，除了办理该刑事案件，还发现职务犯罪线索，进而提出弥补监管漏洞的方案。检察官既要立足于个案全面审查，更要跳出个案思考犯罪成因、犯罪共性。任何犯罪都有信息链条，通过数据碰撞，方能发现更多的类案和线索。如检察官在办理本案过程中，对涉案的违规货车进行梳理，发现除了涉案检测站外，还有其他检测站涉嫌同类犯罪。检察官将涉案车辆信息与交通管理部门的年检信息相碰撞，发现 40 余家涉嫌犯罪的检测站。通过向外地公安机关发协查函的形式，促进了行业的整顿治理。

（三）善用技术，增强数据思维

数字检察不是要求检察官都具备计算机专业技术，而是要求检察官增强数字思维、数据理念，提升数字能力。认识到承办案件的每一份证据都是数据，数据可以分析、碰撞、挖掘、穿透，而不要拘泥于数据形式。本案中，由于提供虚假证明文件罪对虚假文件的数量没有要求，检察官本可以照搬公安机关起诉认定的虚假文件数量而不去审查电子证据，或者按照传统审查方式，靠人工耗费大量时间逐一核对所有证据。但考虑到证据的"三性"标准以及对办案效率的要求，检察官创新将检测站违规检测视频作为基础数据，提炼视频中数据共性，设计数据模型，跳出了当下以统计数据为建模基础的主流，具有借鉴意义。

（四）端口前移，促进行业治理

强化监督就要实现法律监督理念迭代更新，从传统的办案导向到监督导向，从惩罚导向到预防导向，从司法领域监督到社会综合治理。对于社会共性问题，将监督端口前移，以"治未病"的心态进行诉源治理，促进行业健康发展。本案中，检察官在前期对重货运输行业进行的调研显示，违规超重车辆屡禁不止有着深刻的社会根源，经济利益的驱使虽然是主要因素，但不法行为的背后也隐藏着道路标准老化、检测价格未充分市场化的客观原因。面对这类案件，单纯的刑事处罚不是最优解，而应当将监督端口前移到高危行为阶段，及早发现苗头性问题，最大限度保障经济个体健康发展。

📊 法律法规依据

1.《中华人民共和国刑法》第二百二十九条 承担资产评估、验资、验证、会计、审计、法律服务、保荐、安全评价、环境影响评价、环境监测等职责的中介组织的人员故意提供虚假证明文件，情节严重的，处五年以下有期徒刑或者拘役，并处罚金；有下列情形之一的，处五年以上十年以下有期徒刑，并处罚金：

（一）提供与证券发行相关的虚假的资产评估、会计、审计、法律服务、保荐等证明文件，情节特别严重的；

（二）提供与重大资产交易相关的虚假的资产评估、会计、审计等证明文件，情节特别严重的；

（三）在涉及公共安全的重大工程、项目中提供虚假的安全评价、环境影响评价等证明文件，致使公共财产、国家和人民利益遭受特别重大损失的。

2.《中华人民共和国刑事诉讼法》第一百一十三条　人民检察院认为公安机关对应当立案侦查的案件而不立案侦查的，或者被害人认为公安机关对应当立案侦查的案件而不立案侦查，向人民检察院提出的，人民检察院应当要求公安机关说明不立案的理由。人民检察院认为公安机关不立案理由不能成立的，应当通知公安机关立案，公安机关接到通知后应当立案。

3.《中华人民共和国安全生产法》第七十四条　任何单位或者个人对事故隐患或者安全生产违法行为，均有权向负有安全生产监督管理职责的部门报告或者举报。

因安全生产违法行为造成重大事故隐患或者导致重大事故，致使国家利益或者社会公共利益受到侵害的，人民检察院可以根据民事诉讼法、行政诉讼法的相关规定提起公益诉讼。

4.《中华人民共和国道路运输条例》第三十条　客运经营者、货运经营者应当加强对车辆的维护和检测，确保车辆符合国家规定的技术标准；不得使用报废的、擅自改装的和其他不符合国家规定的车辆从事道路运输经营。

5.《人民检察院公益诉讼办案规则》第二十八条　人民检察院经过评估，认为国家利益或者社会公共利益受到侵害，可能存在违法行为的，应当立案调查。

6.《中华人民共和国公安部关于严格重中型货车和挂车注册登记的通知》

7.《工业和信息化部、公安部关于进一步加强道路机动车辆生产一致性监督管理和注册登记工作的通知》

8.《工业和信息化部、公安部关于进一步加强轻型货车、小微型载客汽车生产和登记管理工作的通知》

案件承办人：
姜　琪　李　洋　严　敏（杭州市西湖区人民检察院）

案例撰写人：
严　敏（杭州市西湖区人民检察院）

责任编辑：
楼之恒（杭州市人民检察院）

医保空刷诈骗类案监督

杭州市西湖区人民检察院

为从根源上杜绝医保诈骗犯罪，西湖区检察院探索构建"医保定点药店空刷医保卡型医保诈骗"数字监督模型

📊 关键词

医保诈骗　数据分析　自行补充侦查

📊 要旨

检察机关聚焦医保领域空刷诈骗行为，总结犯罪特征，从海量医保结算数据中重点筛选结算金额、结算频率、对应病种等要素，建立医保空刷诈骗类案数字监督模型。通过数字化手段、智能化筛选涉嫌空刷诈骗的医药机构及空刷金额，实现纠正遗漏罪行，追加涉案金额，并携手职能部门追回医保损失基金，切实守住人民群众"救命钱"。

📊 基本情况

近年来，涉医保类诈骗呈现高发态势。杭州市西湖区人民检察院（以下简称"西湖区院"）在办理涉嫌空刷医保卡的诈骗案中发现，部分药店工作人员收购、租借他人医保卡后，以虚开药品、治疗项目等方式来骗取国家医保基金。实践中，作为"卡农"的大量参保人员被追究刑事责任，而空刷机构和"卡头"因较为隐蔽而往往逍遥法外。为强化源头治理，西湖区院建立医保空刷诈骗类案数字监督模型，排查出有多名空刷人消费过的医药机构，针对该类医药机构的全部结算数据，从结算金额、结算频率、对应病种等多维度构建模型，确定涉嫌空刷诈骗的医药机构以及空刷金额。截至 2023 年 5 月底，西湖区院依法立案监督 2 名刑期可能在十年以上有期徒刑的药店负责人，纠正移送起诉遗漏罪行 66 人，追加涉案金额 772.78 万元。开展行政检察监督，携手职能部门督促犯罪嫌疑人积极退赃，追回医保损失基金人民币 589.96 万元。

📊 个案线索发现

2021 年 9 月至 2022 年 5 月期间，西湖区院陆续收到涉嫌空刷医保卡的诈骗案共计 61 件 97 人。这批案件犯罪模式高度雷同，表现为药店工作人员收购、租借他人医保卡后，以虚开药品、虚开治疗项目等方式骗取国家医保基金。医保卡被药店控制之后，原持卡人往往无法掌握后续刷卡结算情况。公安机关移送起诉对象绝大部分是提供医保卡的"卡农"，移送起诉的空刷机构仅个位数。西湖区院从已移送起诉持卡人的个人医保结算记录中发现还有大量药店、门诊部等机构存在空刷医保卡骗取医保基金的重大嫌疑。为从根源上杜绝医保诈骗犯罪，西湖区院探索构建了"医保定点药店空刷医保卡型医保诈骗"数字监督模型。

数据分析方法

数据来源

1. 起诉意见书、起诉书、判决书（源于公安机关、全国检察业务应用系统 2.0、法院）；

2. 行政处罚文书（源于医保、卫健等部门）；

3. 定点医药机构名单、医保结算记录（源于医保部门或浙江省人民检察院数据应用平台）；

4. 医药机构股东人员位置信息（源于国家企业信用信息公示系统、企查查）；

5. 医药机构人员社保信息（源于人社部门）；

6. 持卡人死亡信息（源于民政部门）。

数据分析关键词

姓名、身份证号码、结算机构名称、总金额、统筹支出、结算日期、下级医疗机构编码、入院病种名称、单位名称、医保、医保基金、医保卡、行政处罚、刑事处罚。

数据分析步骤

第一部分，排查异常机构：

第一步：将公安机关移送起诉、法院判决以及医保、卫健等部门行政处罚数据中参与空刷的持卡人医保个人结算数据上传至浙江省人民检察院数据应用平台。

第二步：将医保个人结算数据根据药店名称进行分组，并统计在该药店有结算记录的人员数量；对输出结果进行过滤，筛选出有 10 人以上结算记录的药店，判断为初步嫌疑对象。

第三步：对药店名称进行过滤，去除含有社区卫生、附属医院、人民医院等公立医院以及社区卫生院等特殊单位，排除干扰因素。

第四步：将医保个人结算数据根据药店名称进行分组，并计算在药店统筹支出的总金额；并对输出结果进行过滤，筛选出有统筹支出金额超过 1 万元的药店，初步判断为异常机构。

第二部分，确认空刷卡以及涉案金额：

第一步：向医保局调取异常机构的全部结算记录，上传至浙江省人民检察院数据应用平台。

第二步：将异常机构结算数据根据总金额进行分组统计，筛选出单次结算金额大于 100 元且出现次数大于 20 次的个人结算数据记录。

第三步：将药店结算数据根据参保单位进行分组统计，筛选出频率过高（超过 40 次）的参保单位的个人结算数据记录。对参保单位进行过滤，去除含有个体劳动者、退休、协缴等特殊参保单位，排除干扰因素。

第四步：筛选出药店结算数据中全部持卡人涉及的全部病种，统计出病种数量大于或等于 10 个的持卡人。药店工作人员空刷医保卡时因存在医保预警设限的因素，同一种病种结算金额有上限，因此大量空刷时就会产生随意使用病种来结算的情况。

第五步：将筛选出的上述三组数据根据姓名或身份证号进行匹配，

最终得出满足三个维度条件的持卡人，这些持卡人空刷嫌疑较大，上述人员对应的金额可初步判定为涉案金额。

思维导图

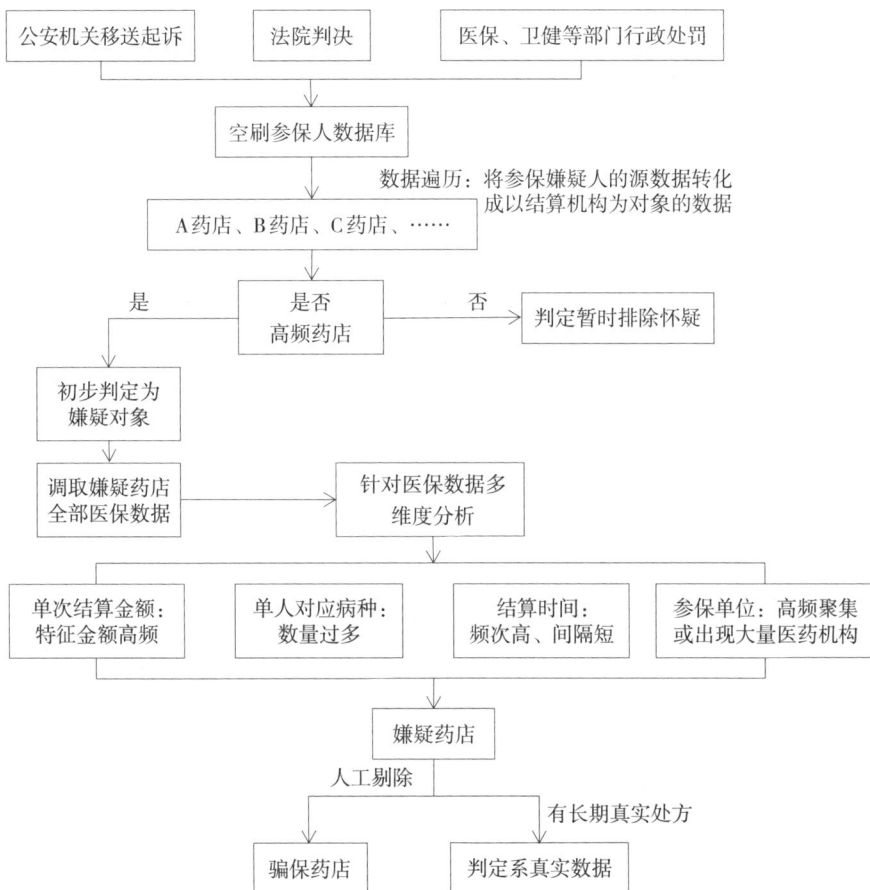

检察融合监督

刑事检察监督

一是立案监督。针对在数字检察监督过程中发现的既判医药机构负责人涉及大量漏罪、刑期跨档问题，西湖区院对其中 2 名刑期可能在十年以上有期徒刑的药店负责人进行立案监督。二是纠正遗漏罪行。对 74 名犯罪嫌疑人全案重新核实案情，纠正移送起诉遗漏罪行 66 人，其中 22 名犯罪嫌疑人的基准刑量刑档升格，合计纠正遗漏涉案金额 772.78 万元。三是追诉漏犯。例如，经数字模型碰撞筛选并通过药店位置信息、处方信息以及犯罪嫌疑人供述印证，发现"卡农"杨某某空刷记录涉及 33 家药店，但公安机关仅侦查并移送起诉其中 8 家药店的相关事实，遂依法要求公安机关补充移送起诉涉案药店、相关人员及遗漏犯罪事实。

行政检察监督

针对案件暴露的部分机构骗取医保基金、扰乱医保管理秩序等社会治理问题，向人社部门制发检察建议书。携手相关职能部门督促犯罪嫌疑人积极退赃，追回医保损失基金人民币 589.96 万元。督促职能部门对具有医师或药师等特殊职业身份的部分涉案人员，依法吊销执业资格，并对涉案定点医药机构依法解除医保服务协议。

社会治理成效

西湖区院通过对掌握的 107 名空刷参保人医保结算数据进行比对，摸排出分布在全市各区的 418 家空刷的嫌疑机构。通过全市医保专项联席会议，共享医保线索 28 件，实现模型的全市贯通。截至 2023 年 5 月底，钱塘区人民检察院已对 3 家药店进行立案监督；上城区人民检察院已将 6 家药店涉案线索移送公安进行刑事侦查。该案例入选浙江省委数字化改革重大应用"一本账 S3"检察入账名单。

此外，西湖区院推荐员额检察官成为杭州市医保局的医保义务监督员，为治理医保诈骗问题持续提供检察方案。对于旗下多家分店涉及医保诈骗的大型连锁企业，西湖区院进一步探索适用企业合规，从源头上遏制企业内部管理漏洞，促进良性健康发展，助力打造安商惠企法治化营商环境。

⫸ 办案指引

医保基金领域专业性强、涉及面广，传统监督因行政稽查执法人手短缺、行政调查手段有限等现实问题，加之医保行政主管部门和公检法之间存在的行刑衔接不畅等因素，导致现实中大量定点医保单位处于监管盲区。数字检察监督模型可有效破解医保空刷诈骗发现难题，发挥数据碰撞的雪球效应。

(一) 巧用数字技术，精准认定事实

在办理此类案件时，司法机关的传统办案思路多依赖于犯罪嫌疑人的口供。如果医保卡卡主无法到案或者口供难以突破，就只能依据犯罪嫌疑人自认的部分金额来认定，造成涉案金额无法准确认定。特别是对于涉嫌诈骗的药店，其涉及的医保结算流水可达几十万条。按照普通案件的办理思路，要和上万人逐一进行核实，这不仅是海量工作，而且办案效果也不理想，案件可能会陷入僵局。通过数字建模进行监督彻底打破了原有困局，大数据碰撞、数据智能分析等数字技术手段，不仅使得监督线索更加精准，而且还能补足口供漏洞，助力精准认定涉案金额这一重要案件事实。例如，在某药店涉嫌诈骗一案中，涉案药店 6 年间涉及医保补贴 1200 多万元，涉及医保卡卡主 3 万多人。检察机关将关注点转移到该机构的所有结算数据上。通过结算频次分析，如该药店某日上午 1 个小时内，结算 40 余人，即每 1.5 分钟就要结算一人；再如，通过高频结算人员的对应结算病种来看，如某高频人员仅 3 年内对应结算病种达 40 余种……通过多维度分析电子证据，可以直接指证涉案机构存在大量空刷情况，助力案件侦破和类案打击。

(二) 引导侦查方向，深挖漏罪漏犯

公安机关原有的侦查思路主要围绕医保部门移送的涉案药店展开，由此确认药店内的空刷操作嫌疑人以及对应的参保人员。然而这一侦查

思路存在较大疏漏，由于参保人员出借自己的医保卡之后，无须本人到场，故其对医保卡后续刷卡情况无法掌握。公安机关仅就其掌握的近10家药店对参保人员展开侦查，忽略了参保人员结算信息里的大量其他医药机构。经模型碰撞比对以及人工核查，该院发现多家嫌疑诊所存在大量空刷事实，但公安机关并未立案侦查或未移送审查起诉。检察机关遂要求公安机关补充移送起诉该批诊所及其负责人、负责空刷操作的员工等关联人员。

（三）拓展应用范围，全域协同治理

西湖区院总结了空刷机构犯罪特征，通过数字化手段、智能化筛选涉案人员的海量医保数据，构建了空刷医保诈骗监督模型，并实现全市贯通。对于通过模型发现的分布在全市各区的涉案犯罪线索，西湖区院通过纠正移送起诉遗漏罪行、立案监督、线索移送等多种方式实现检察监督、数字办案，破除医保空刷诈骗的区域打击壁垒，筑牢了守护医保基金安全的法治堤坝。

📊 法律法规依据

1.《中华人民共和国刑法》第二百六十六条　诈骗公私财物，数额较大的，处三年以下有期徒刑、拘役或者管制，并处或者单处罚金；数额巨大或者有其他严重情节的，处三年以上十年以下有期徒刑，并处罚金；数额特别巨大或者有其他特别严重情节的，处十年以上有期徒刑或者无期徒刑，并处罚金或者没收财产。本法另有规定的，依照规定。

2.《全国人民代表大会常务委员会关于〈中华人民共和国刑法〉第二百六十六条的解释》　以欺诈、伪造证明材料或者其他手段骗取养老、医疗、工伤、失业、生育等社会保险金或者其他社会保障待遇的，属于刑法第二百六十六条规定的诈骗公私财物的行为。

3.《最高人民法院、最高人民检察院关于办理诈骗刑事案件具体应

用法律若干问题的解释》第二条第一款第二项 诈骗公私财物达到本解释第一条规定的数额标准，具有下列情形之一的，可以依照刑法第二百六十六条的规定酌情从严惩处：

（二）诈骗救灾、抢险、防汛、优抚、扶贫、移民、救济、医疗款物的。

4.《中华人民共和国社会保险法》第八十七条 社会保险经办机构以及医疗机构、药品经营单位等社会保险服务机构以欺诈、伪造证明材料或者其他手段骗取社会保险基金支出的，由社会保险行政部门责令退回骗取的社会保险金，处骗取金额二倍以上五倍以下的罚款；属于社会保险服务机构的，解除服务协议；直接负责的主管人员和其他直接责任人员有执业资格的，依法吊销其执业资格。

第八十八条 以欺诈、伪造证明材料或者其他手段骗取社会保险待遇的，由社会保险行政部门责令退回骗取的社会保险金，处骗取金额二倍以上五倍以下的罚款。

5.《中华人民共和国基本医疗卫生与健康促进法》第一百零四条 违反本法规定，以欺诈、伪造证明材料或者其他手段骗取基本医疗保险待遇，或者基本医疗保险经办机构以及医疗机构、药品经营单位等以欺诈、伪造证明材料或者其他手段骗取基本医疗保险基金支出的，由县级以上人民政府医疗保障主管部门依照有关社会保险的法律、行政法规规定给予行政处罚。

6.《医疗保障基金使用监督管理条例》第四十条 定点医药机构通过下列方式骗取医疗保障基金支出的，由医疗保障行政部门责令退回，处骗取金额 2 倍以上 5 倍以下的罚款；责令定点医药机构暂停相关责任部门 6 个月以上 1 年以下涉及医疗保障基金使用的医药服务，直至由医疗保障经办机构解除服务协议；有执业资格的，由有关主管部门依法吊销执业资格：

（一）诱导、协助他人冒名或者虚假就医、购药，提供虚假证明材料，或者串通他人虚开费用单据；

（二）伪造、变造、隐匿、涂改、销毁医学文书、医学证明、会计凭证、电子信息等有关资料；

（三）虚构医药服务项目；

（四）其他骗取医疗保障基金支出的行为。

定点医药机构以骗取医疗保障基金为目的，实施了本条例第三十八条规定行为之一，造成医疗保障基金损失的，按照本条规定处理。

第四十一条 个人有下列情形之一的，由医疗保障行政部门责令改正；造成医疗保障基金损失的，责令退回；属于参保人员的，暂停其医疗费用联网结算 3 个月至 12 个月：

（一）将本人的医疗保障凭证交由他人冒名使用；

（二）重复享受医疗保障待遇；

（三）利用享受医疗保障待遇的机会转卖药品，接受返还现金、实物或者获得其他非法利益。

个人以骗取医疗保障基金为目的，实施了前款规定行为之一，造成医疗保障基金损失的；或者使用他人医疗保障凭证冒名就医、购药的；或者通过伪造、变造、隐匿、涂改、销毁医学文书、医学证明、会计凭证、电子信息等有关资料或者虚构医药服务项目等方式，骗取医疗保障基金支出的，除依照前款规定处理外，还应当由医疗保障行政部门处骗取金额 2 倍以上 5 倍以下的罚款。

7.《零售药店医疗保障定点管理暂行办法》第四十条第四项 医保协议解除是指经办机构与定点零售药店之间的医保协议解除，协议关系不再存续，医保协议解除后产生的医药费用，医疗保障基金不再结算。定点零售药店有下列情形之一的，经办机构应解除医保协议，并向社会公布解除医保协议的零售药店名单：

（四）以伪造、变造医保药品"进、销、存"票据和账目、伪造处方或参保人员费用清单等方式，骗取医疗保障基金的。

案件承办人：

施　倩　汪　哲　蒋瑜珂　徐错非（杭州市西湖区人民检察院）

案例撰写人：

施　倩（杭州市西湖区人民检察院）

责任编辑：

楼之恒（杭州市人民检察院）

涉社保终本执行类案监督

建德市人民检察院

建德市检察院会同市纪委监委到建德市数据资源中心对接退休金等社保数据共享事宜

关键词

民事执行　终本案件　退休金　拒执犯罪

要旨

长期以来，执行难不仅成为困扰人民法院的突出问题，也成为人民群众反映强烈、社会各界极为关注的热点问题。检察机关聚焦被执行人财产线索发现难这一关键症结，从退休金强制执行破题，创新运用大数据法律监督，为人民法院在民事执行活动中查控被执行人财产提供全新思路与方向。通过检察监督办案打通部门信息壁垒，充分运用数字技术和数据要素推进跨部门大数据协同办案，建构起"解析个案、梳理要素、构建模型、类案治理、融合监督"的"建德路径"。

基本情况

2021 年 4 月，建德市人民检察院（以下简称"建德市院"）在综合研判已被终结本次执行程序案件中被执行人持续领取退休金的个案线索基础上，利用浙江法院办案办公平台、建德市纪委监委"清廉建德"平台等数据载体，推进终本执行类案专项监督工作。建德市院借助信息化技术手段，从法院调取失信人员、限高人员名单等 2 万余条数据，联合建德市纪委监委共同研发民事大数据分析检察监督平台，筛查失信人员及限高人员社保缴纳、缴纳年限等信息。通过与被执行人领取退休金情况筛选比对，精准发现若干执行监督线索。建德市院及时向法院制发检察建议，同时将发现的刑事案件线索移送公安机关查处，成功探索数字赋能监督的新模式，取得了良好质效。

个案线索发现

2021 年以来，有当事人向建德市院反映，其申请执行案件的被执行人每月领取高额退休金，法院却以无可供执行的财产为由终结执行程序，故要求检察机关予以监督。建德市院核查后认为其反映的情况属实，根据《最高人民法院关于适用〈中华人民共和国民事诉讼法〉的解释》第 517 条规定，当事人可向法院申请恢复执行。建德市院就该案向同级人民法院提出检察建议，建议法院将被执行人退休金扣除法定生活保障费用后予以恢复执行。

在个案办理过程中，建德市院发现被执行人的退休金财产线索查询机制存在疏漏。一是失信被执行人不如实申报退休金线索的情况普遍存在；二是申请人往往容易忽视退休金线索；三是法院尚未与社保部门建立有效的信息共享机制，往往都是申请人提供线索后，法院才去被动查控。

在案件成功办理后，建德市院经综合分析研判，认为该案暴露的问题具有普遍性，可能还存在许多类似案件。一般而言，退休金发放至被执行人银行账户，法院可以通过最高法"总对总"执行查询系统或省高院"点对点"执行查控系统，查询冻结被执行人的银行存款。但可能存在法院冻结银行账户时，被执行人未退休，或者退休时新办理的银行账户未被冻结，以及银行账户虽被冻结，但被执行人又新开账户等情形。建德市院认为有必要对被执行人享受社保情况进行大数据比对分析并探索开展类案监督，破解终本执行类案件监督难题。

📊 数据分析方法

数据来源

1. 已发布的失信人员、限高人员名单（源于法院）；

2. 缴纳社保及社保领取信息（源于"清廉建德"数字资源服务中心）；

3. 被执行人领取退休金名单（源于人社局）；

4. 已在划扣退休金的被执行人员名单（源于法院）；

5. 终本执行人员名单及执行案号（源于法院）。

数据分析关键词

一是人员，失信人员、限高人员缴纳社保情况；

二是金额，符合执行标准、社保发放金额在 2000 元以上；

三是年龄，确认被执行人缴纳社保年龄是否达到退休年龄，对于暂未达到退休年龄的需要纳入后续的监管跟踪中。

数据分析步骤

第一步：将 2013 年以来法院发布的失信人员名单数据与"清廉建德"系统中社保缴纳、发放数据库的缴纳社保人员名单进行比对，检索出失信人员缴纳社保名单及各类社保发放数据。

第二步：筛选缴纳社保失信人员达到退休年龄和未达到退休年龄人员名单，与社保局数据确认比对，确认退休的失信人员退休金领取状态、未退休失信人员缴纳养老金状态。

第三步：筛选达到退休年龄且开始领取退休金的失信人员，达到可执行标准的纳入可执行线索。

第四步：筛选未达到退休年龄且在缴纳养老金的失信人员纳入后期跟踪执行预警管理。

思维导图

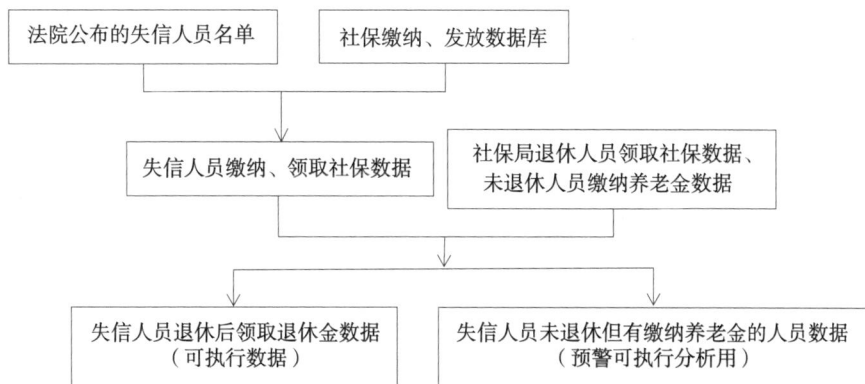

📊 检察融合监督

建德市院成立由民事检察、刑事检察、检察技术等部门业务骨干组成的涉社保终本执行监督办案团队。办案团队通过数据比对，筛查出终本执行案件被执行人领取退休金线索 1000 余条。同时会同公安、法院等部门建立线索移送反馈、联合打击拒执犯罪等工作机制，"刑民融合"高效利用发现的线索。

民事检察监督

在对数据全面审查的基础上，重点将退休金在 2000 元以上的失信人员纳入可执行的案件线索范围。建德市院办案团队通过全覆盖阅卷审查、分类梳理、精准研判可执行人员名单，确定可建议法院恢复执行的案件 54 件。建德市院向建德市人民法院提出检察建议 54 份，建议及时恢复执行，均获得采纳。建德市人民法院对该批终本执行案件均裁定恢复执行，并冻结了被执行人领取退休金的银行账户，后大部分案件执行完毕结案。

行政检察监督

建德市院在数据比对过程中还发现行政非诉执行终本案件被执行人领取退休金线索 2 件，审查核实后向法院提出行政执行活动监督检察建议 2 件。后该 2 件行政非诉执行终本案件均执行到位。

刑事检察监督

建德市院在数据比对和相关案件审查调查过程中，针对有退休金拒不申报的被执行人开展全面核查，发现涉嫌拒不执行判决、裁定罪线索 3 件，涉及 10 人，均移送公安机关侦查，已刑事判决 3 人。

📊 社会治理成效

2021 年 6 月，建德市院撰写的工作经验在浙江省人民检察院《检察工作交流》第 14 期上刊发。2021 年 7 月，浙江省人民检察院举行涉社保终本执行监督推进会，建德市院向参会的地区院介绍办案经验，后该模型被全省推广。截至 2023 年 5 月，全省涉社保终本执行专项监督活动排查线索 27508 件，立案 158 件，已发出检察建议 91 件，法院采纳 72 件。全省各地检察机关也在此基础上探索开展了涉公积金终本执行监督等数字检察监督模型。

建德市院以涉社保终本执行监督类案的成功办理为契机，与建德市纪委监委、建德市数据资源服务中心携手推动数字赋能监督。在公共利益保护、法律监督等领域加强协作配合，形成监督合力，在政法一体化、大数据检察监督体系等"整体智治"上实现新突破。同时主动融入杭州市级数字赋能辅助办案一体化机制，参与"数智魔方监督平台"建设，由民事执行监督这一领域扩展至民事生效裁判监督、民事审判程序监督等多领域，推动实现数据资源在民事检察监督履职中的高效配置与运用。

此外，建德市院还将进一步探索打造民事执行数字化监督平台，集成财产、信用、司法案件信息等多方面、多部门数据，助力营造各方广泛参与和支持执行工作的社会环境，减少每一位有可能成为申请执行人的社会成员所承担的商业风险和法律风险，力求打造成为社会诚信体系建设重要的资源平台。

📊 办案指引

建德市院开展的涉社保终本执行类案监督对失信人员形成强烈震慑，实现了为诉讼参与人树立正确司法价值取向的预期目的。总结建德市院涉社保终本执行监督，梳理其中共性的经验和方法，举一反三用于各类数字检察办案。

（一）着力数据整合，数字赋能深挖线索

建德市院更新办案理念，牢固树立数字检察思维，在线索研判工作中寻求突破、务求实效。"数据整合"是基础。一方面，深度挖掘检察系统内部数据，充分激活和利用"沉睡数据"。建德市院充分运用浙江省人民检察院数据应用平台、杭州市人民检察院"数智魔方"平台等应用载体，获取数据资源。另一方面，拓展和合理使用外部资源，推动数据共享共用。"清廉建德"数据平台具备全市相对完整的数据支撑，建德市院积极沟通，与其建立合作机制，力求打破数据壁垒。通过不断探索数字化监督手段，搭建多维度研判模型，形成多点覆盖的数据抓取模式。针对失信人员（限高人员）财产状况进行多维度分析，形成重点人员人物数字画像。通过研判模型定期开展人物信息多系统数据碰撞比对分析，将符合条件自动填入人物画像，生成可供使用的监督线索。

（二）注重内部融合，确保线索高效利用

坚持数字监督一体化办案理念，建立数据研判协调机制，开展"四大检察"立体化监督。业务部门和技术部门联合以个案推导类案，搭建数据研判模型。该院数字化法律监督专班根据研判模型的数据需求，组织协调数源单位提供必要的数据，实现高效精准摸排类案线索。充分发挥"四大检察"优势，融合运用审查、调查、侦查"三查融合"手段，在监督线索融合研判、监督案件融合查办等方面整合监督资源和力量，推动部门间密切合作、共同发力，激发融合式、嵌入式监督潜能。

（三）强化对外联合，协力破解执行难题

建德市院向法院提出检察建议后，积极对接法院执行局，对检察建议办理情况、法院回复情况实时跟进，形成落实整改反馈的监督闭环。此外，建德市院与建德市数据资源服务中心等部门加强沟通，联合出台《强化数字清廉法治建设的实施办法》，推动以数字化改革撬动法律监督，将检察法律监督线索同步移送市纪委，以检察法律监督和纪检监察监督共同促进整改落到实处。为进一步提升监督质效，该院跳出就案办案固有局限，联合人社、法院建立执行工作联席会议机制，提高退休金查控效率，将终本案件执行线索拓展到房产、车辆等领域，强化执行实效。建德市院强化能动司法理念，利用数字赋能监督有效破解被执行人财产发现难的痼疾，能动履职释放法律监督功效，与职能部门合力打击拒执犯罪，净化执行环境，合力破解法院"执行难"，有效维护司法公信力。

📖 法律法规依据

1.《中华人民共和国民事诉讼法》第二百四十六条　人民检察院有权对民事执行活动实行法律监督。

2.《最高人民法院关于适用〈中华人民共和国民事诉讼法〉的解释》第五百一十七条　经过财产调查未发现可供执行的财产，在申请执行人签字确认或者执行法院组成合议庭审查核实并经院长批准后，可以裁定终结本次执行程序。

依照前款规定终结执行后，申请执行人发现被执行人有可供执行财产的，可以再次申请执行。再次申请不受申请执行时效期间的限制。

3.《人民检察院民事诉讼监督规则》第一百零六条　人民检察院发现人民法院在执行活动中有下列情形之一的，应当向同级人民法院提出检察建议：

（一）决定是否受理、执行管辖权的移转以及审查和处理执行异议、复议、申诉等执行审查活动存在违法、错误情形的；

（二）实施财产调查、控制、处分、交付和分配以及罚款、拘留、信用惩戒措施等执行实施活动存在违法、错误情形的；

（三）存在消极执行、拖延执行等情形的；

（四）其他执行违法、错误情形。

4.《最高人民法院关于严格规范终结本次执行程序的规定（试行）》第九条　终结本次执行程序后，申请执行人发现被执行人有可供执行财产的，可以向执行法院申请恢复执行。申请恢复执行不受申请执行时效期间的限制。执行法院核查属实的，应当恢复执行。

终结本次执行程序后的五年内，执行法院应当每六个月通过网络执行查控系统查询一次被执行人的财产，并将查询结果告知申请执行人。

符合恢复执行条件的，执行法院应当及时恢复执行。

5.《**人民法院办理执行案件规范**》780. 对于离休金、退休金、养老金，在留出必要的生活费用外，人民法院可以作为被执行人的财产予以执行。

6.《**最高人民法院关于能否要求社保机构协助冻结、扣划被执行人的养老金问题的复函**》**第一条**　被执行人应得的养老金应当视为被执行人在第三人处的固定收入，属于其财产的范围，依照《中华人民共和国民事诉讼法》第二百四十三条之规定，人民法院有权冻结、扣划。但是，在冻结、扣划前，应当预留被执行人及其所抚养家属必须的生活费用。

案件承办人：

吴　奇（杭州市人民检察院）

胡建强　马　鹏（建德市人民检察院）

案例撰写人：

马　鹏（建德市人民检察院）

责任编辑：

陈　诚（杭州市人民检察院）

工程建设招投标违法行为类案监督

杭州市钱塘区人民检察院

检察官办案团队讨论工程建设招投标违法行为类案数字化监督办案思路，依法能动履职助力招投标行业正本清源

关键词

工程建设　招投标违法行为　一体化履职　多部门联动

要旨

工程建设招投标活动是保证工程质量的重要环节，关乎人民生命、财产安全和城市营商环境。检察机关在履职中发现，该领域存在串通投标、出借资质和评标专家违规评标等行业监管问题，极易滋生腐败现象，同时造成工程质量隐患，扰乱市场秩序。检察机关通过与行政机关联合搭建数字共治监督模型，在数据、人员、机制等层面加强协作，推动形成行刑有序衔接、部门联动治理的局面，全面堵塞监管漏洞。检察机关充分发挥一体化办案优势，挖掘深层次问题，加强与党委政府以及政法委等监督主体的协作配合，以依法能动履职助力行业正本清源。

基本情况

工程建设招投标领域围标、串标、出借资质和以他人名义投标等违法违规现象易发多发，且传统监管手段乏力，线索发现难，有必要通过数字化多跨监督场景开展综合治理。杭州市钱塘区人民检察院（以下简称"钱塘区院"）立足个案办理，系统梳理监督业务规则，在杭州市全域数字法治监督体系下推动住建、交通、综合行政执法和检察等多方数据整合，在杭州市人民检察院（以下简称"杭州市院"）的统筹下开发"工程建设招投标监督一件事"多跨应用场景，通过构建新型检行协作机制，推动党委政法委等多主体联动，促进工程建设招投标行业协同共治。

个案线索发现

2022年3月，钱塘区院在办理刘某等6人串通投标案中，发现涉案企业允许他人以本单位名义投标和承揽工程、评标专家私下接触投标人等行政检察监督线索。经检索摸排，在该院多件串通投标刑事案件中再次发现类似情形。钱塘区院通过逐案分析、走访调研和专家咨询等多种方式综合研判后认为，这些问题具有行业普遍性，且检察机关掌握主要的数据源，有通过大数据分析开展专项治理的必要性和可行性。

📊 数据分析方法

数据来源

1. 涉招投标案件相关法律文书（源于全国检察业务应用系统 2.0、中国裁判文书网）；

2. 行政处罚决定书（源于浙江政务服务网行政处罚结果信息公开查询平台、IRS 一体化数字资源系统等平台）；

3. 涉案企业工商登记信息（源于市场监管工商登记系统、IRS 等平台）；

4. 涉案企业历史招投标数据（源于住建等行政监管部门、公共资源交易中心）。

数据分析关键词

以"串通投标"为关键词，检索全国检察业务应用系统 2.0 内相关案件的法律文书，进行文本拆解筛查，将提取的涉案企业、人员信息和工商登记信息进行关联，再与行政处罚信息比对碰撞，筛选出未受行政处罚的涉案企业和人员信息。

数据分析步骤

第一步：对近年来辖区内涉招投标案件裁判文书等法律文书进行文本拆解筛查。挑选出含有"串通投标""以他人名义投标""借用资质""专家照顾""挂靠"等信息的法律文书。

第二步：判断核实法律文书中涉及的招投标违法行为类型，提取法律文书、电子卷宗内项目名称、时间、企业名称、企业主要人员姓名等信息，并进行结构化处理。

第三步：通过和企业工商登记信息进行清洗碰撞，查询涉案企业统一社会信用代码和主要人员信息，将得出的信息与法律文书、营业执照中提取的企业名称和主要人员名称等信息进行比对确认，形成涉案企业和涉案人员名单。

第四步：以法律文书中提取的涉案企业和人员为基础进行扩大排查，从住建等行政监管部门、公共资源交易中心调取其招投标历史数据，分析筛查监督线索。

第五步：将涉案企业、涉案人员数据和行政处罚数据库进行比对，查询相应行为是否已经进行过查处。

思维导图

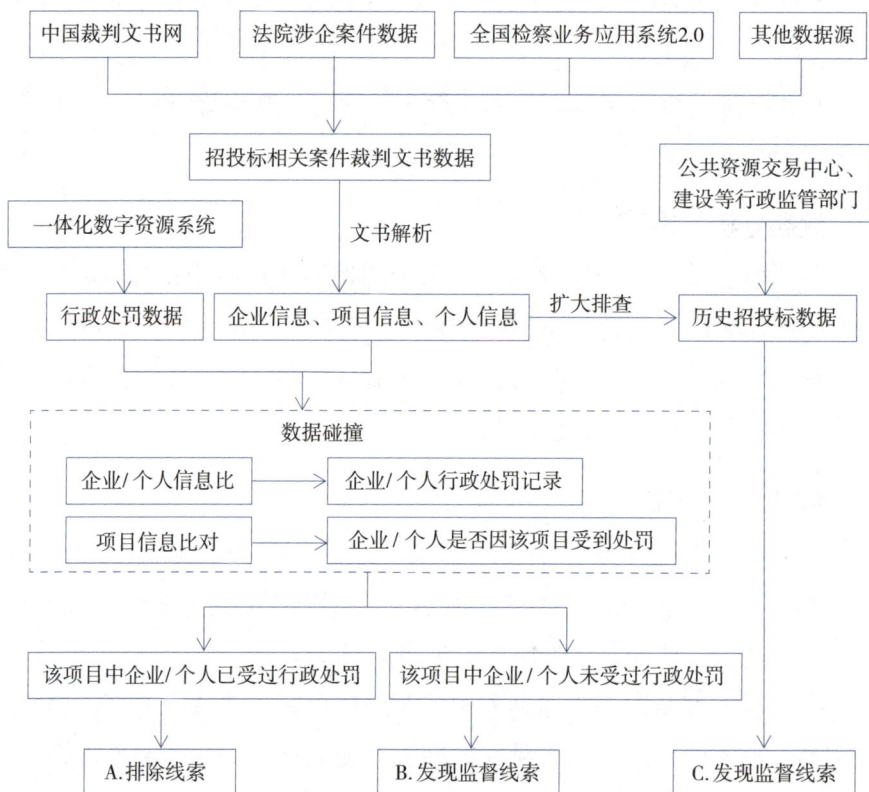

📊 检察融合监督

刑事检察监督

通过数据提取和分析手段，深挖案涉项目中潜藏的违法犯罪线索，发现 6 名评标专家涉嫌串通投标共同犯罪并移送公安机关处理。截至 2023 年 5 月，共推动刑事立案 7 件 36 人，涉及资金 13.2 亿元，其中 1 件 3 人被检察机关以串通投标罪起诉至法院，4 件 21 人被检察机关以串通投标罪作相对不起诉处理，1 件 1 人被检察机关以串通投标罪作不批准逮捕处理，其余 1 件 11 人处于审查起诉阶段。

行政检察监督

通过大数据分析方法叠加人工线下核查，在 30 个工程项目中发现串通投标、以他人名义投标和出借资质等类案监督线索 67 条，向有关行政机关发出督促履职个案检察建议和类案检察建议各 1 份。截至 2023 年 5 月，住建部门已约谈 9 个工程建设项目中涉围、串标的企业负责人，落实对 17 家涉案企业的罚款、约谈等行政处理措施，并在辖区范围内开展专项整治行动。

📊 社会治理成效

在杭州市院的统一部署下，工程建设招投标监督模型在全市范围内推广应用，并由此开展工程建设招投标领域专项治理，共计发现近五年内涉招投标违法行为线索 500 余条，相关线索正分批移送有关行政监管部门处置。同时，检察机关与监管部门共同推进模型迭代升级，构建完善招投标违法行为大数据预警模型，探索搭建违法转、分包和挂靠等领域监督模型，严密全链条数字监管体系。

在案件办理基础上，加快推进制度性变革，钱塘区院联合区法院、区住建局和区综合行政执法局会签《关于建立工程建设招投标领域违法违规行为联动协作机制的工作意见》，建立招投标违法行为高频企业动态"黑名单"，推动落实工程建设招投标领域严重违法行为"从业限制"制度，助力行业清源，维护公平、有序的市场秩序，打造"阳光工程"全市"一盘棋"。

📊 办案指引

针对案件办理中发现的行业性问题，钱塘区院迅速成立一体化工作专班，行政检察、刑事检察等业务部门联动技术部门共同组建数字办案团队，同时加强与公安、法院、住建、综合行政执法等单位的协作，确保执法司法协同高效，实现"行政＋刑事＋技术"的检察融合式监督。总结该案办理经验，主要有以下三点：

（一）一体化办案，找准对症治理"小切口"

钱塘区院以办案中发现的行业监管问题为切口，通过调卷分析、专家研讨等多种方式梳理监督要素和业务规则，整合多方数据，构建"工程建设招投标监督一件事"多跨应用场景，对症开展工程建设招投标领域社会治理。该场景模型通过案件信息、企业工商登记信息和行政处罚信息进行数据关联、比对、碰撞，共筛查近五年来166个工程项目，发现监督线索540余条，涉及串标方、陪标方、评标方等多方违法主体。在此基础上，检察机关充分发挥纵向联动、横向融合的一体化办案机制，组建跨级别、跨区域、跨部门的联合办案团队，基本实现同类监督案件在市域层面全覆盖。

（二）大数据赋能，打造预防治理"全链条"

一方面，数据分析实现提前预警，构建监督模型2.0升级版。搭建完善大数据分析预警场景，通过电子标书报价、投标频次及中标概率等数据分析方式，筛查固定群体多次同时投标、标书内容异常一致分析等异常点并进行提前预警，实现事前预警和事后监督的闭环管理。另一方面，完善机制保障，以制度刚性和服务柔性助力营商环境优化。检察机关与多部门联合会签联动协作工作意见，强化在线索移送、场景共建和数据共享等方面合作，探索建立工程建设招投标违法行为高频企业"黑名单"，完善信用评价体系，加强对"劣迹企业"的围堵，加大对"诚信企业"的支持，实现建设工程招投标领域事前、事中、事后的全流程监管，规范建设工程领域市场主体的经营行为，为杭州打造国内最优、国际一流的营商环境贡献法治力量。

（三）体系化建构，丰富系统治理"新范式"

检察机关以 2016 年至 2022 年杭州市工程建设招投标领域行政处罚、刑事案件为样本，发现该领域串通投标、出借资质、评标专家违规评标等违法违规现象多发，易滋生腐败、黑恶势力犯罪等严重问题，考虑到传统监管手段乏力，监管结构体系亟待变革，遂研发了"工程建设招投标监督一件事"多跨应用场景。该数字化监督场景的应用生动演绎了"个案解析—类案排查—梳理要素—构建模型—线索研判—类案监督—协同整治—建章立制—更新迭代—螺旋升级"的运行逻辑，其构建思路是检察机关履行法律监督职责和参与社会治理的实践路径探索，通过各参与部门的相互配合、相互支持、同向发力、协同作战，形成了协同共治的整体合力。

📊 法律法规依据

1.《中华人民共和国招标投标法》第五十三条 投标人相互串通投标或者与招标人串通投标的，投标人以向招标人或者评标委员会成员行贿的手段谋取中标的，中标无效，处中标项目金额千分之五以上千分之十以下的罚款，对单位直接负责的主管人员和其他直接责任人员处单位罚款数额百分之五以上百分之十以下的罚款；有违法所得的，并处没收违法所得；情节严重的，取消其一年至二年内参加依法必须进行招标的项目的投标资格并予以公告，直至由工商行政管理机关吊销营业执照；构成犯罪的，依法追究刑事责任。给他人造成损失的，依法承担赔偿责任。

第五十四条 投标人以他人名义投标或者以其他方式弄虚作假，骗取中标的，中标无效，给招标人造成损失的，依法承担赔偿责任；构成犯罪的，依法追究刑事责任。

依法必须进行招标的项目的投标人有前款所列行为尚未构成犯罪的，处中标项目金额千分之五以上千分之十以下的罚款，对单位直接负责的主管人员和其他直接责任人员处单位罚款数额百分之五以上百分之十以下的罚款；有违法所得的，并处没收违法所得；情节严重的，取消其一年至三年内参加依法必须进行招标的项目的投标资格并予以公告，直至由工商行政管理机关吊销营业执照。

2.《中华人民共和国招标投标法实施条例》第三十九条 禁止投标人相互串通投标。有下列情形之一的，属于投标人相互串通投标：

（一）投标人之间协商投标报价等投标文件的实质性内容；

（二）投标人之间约定中标人；

（三）投标人之间约定部分投标人放弃投标或者中标；

（四）属于同一集团、协会、商会等组织成员的投标人按照该组织要求协同投标；

（五）投标人之间为谋取中标或者排斥特定投标人而采取的其他行动。

第四十条 有下列情形之一的，视为投标人相互串通投标：

（一）不同投标人的投标文件由同一单位或者个人编制；

（二）不同投标人委托同一单位或者个人办理投标事宜；

（三）不同投标人的投标文件载明的项目管理成员为同一人；

（四）不同投标人的投标文件异常一致或者投标报价呈规律性差异；

（五）不同投标人的投标文件相互混装；

（六）不同投标人的投标保证金从同一单位或者个人的账户转出。

第四十二条第二款 使用通过受让或者租借等方式获取的资格、资质证书投标的，属于招标投标法第三十三条规定的以他人名义投标。

第六十七条　投标人相互串通投标或者与招标人串通投标的，投标人向招标人或者评标委员会成员行贿谋取中标的，中标无效；构成犯罪的，依法追究刑事责任；尚不构成犯罪的，依照招标投标法第五十三条的规定处罚。投标人未中标的，对单位的罚款金额按照招标项目合同金额依照招标投标法规定的比例计算。

投标人有下列行为之一的，属于招标投标法第五十三条规定的情节严重行为，由有关行政监督部门取消其 1 年至 2 年内参加依法必须进行招标的项目的投标资格：

（一）以行贿谋取中标；

（二）3 年内 2 次以上串通投标；

（三）串通投标行为损害招标人、其他投标人或者国家、集体、公民的合法利益，造成直接经济损失 30 万元以上；

（四）其他串通投标情节严重的行为。

投标人自本条第二款规定的处罚执行期限届满之日起 3 年内又有该款所列违法行为之一的，或者串通投标、以行贿谋取中标情节特别严重的，由工商行政管理机关吊销营业执照。

法律、行政法规对串通投标报价行为的处罚另有规定的，从其规定。

第六十八条　投标人以他人名义投标或者以其他方式弄虚作假骗取中标的，中标无效；构成犯罪的，依法追究刑事责任；尚不构成犯罪的，依照招标投标法第五十四条的规定处罚。依法必须进行招标的项目的投标人未中标的，对单位的罚款金额按照招标项目合同金额依照招标投标法规定的比例计算。

投标人有下列行为之一的，属于招标投标法第五十四条规定的情节严重行为，由有关行政监督部门取消其 1 年至 3 年内参加依法必须进行招标的项目的投标资格：

（一）伪造、变造资格、资质证书或者其他许可证件骗取中标；

（二）3 年内 2 次以上使用他人名义投标；

（三）弄虚作假骗取中标给招标人造成直接经济损失 30 万元以上；

（四）其他弄虚作假骗取中标情节严重的行为。

投标人自本条第二款规定的处罚执行期限届满之日起 3 年内又有该款所列违法行为之一的，或者弄虚作假骗取中标情节特别严重的，由工商行政管理机关吊销营业执照。

第六十九条　出让或者出租资格、资质证书供他人投标的，依照法律、行政法规的规定给予行政处罚；构成犯罪的，依法追究刑事责任。

第七十一条　评标委员会成员有下列行为之一的，由有关行政监督部门责令改正；情节严重的，禁止其在一定期限内参加依法必须进行招标的项目的评标；情节特别严重的，取消其担任评标委员会成员的资格：

（一）应当回避而不回避；

（二）擅离职守；

（三）不按照招标文件规定的评标标准和方法评标；

（四）私下接触投标人；

（五）向招标人征询确定中标人的意向或者接受任何单位或者个人明示或者暗示提出的倾向或者排斥特定投标人的要求；

（六）对依法应当否决的投标不提出否决意见；

（七）暗示或者诱导投标人作出澄清、说明或者接受投标人主动提出的澄清、说明；

（八）其他不客观、不公正履行职务的行为。

第七十二条　评标委员会成员收受投标人的财物或者其他好处的，没收收受的财物，处 3000 元以上 5 万元以下的罚款，取消担任评标委员会成员的资格，不得再参加依法必须进行招标的项目的评标；构成犯罪的，依法追究刑事责任。

3.《建设工程质量管理条例》第十八条　从事建设工程勘察、设计的单位应当依法取得相应等级的资质证书，并在其资质等级许可的范围内承揽工程。

禁止勘察、设计单位超越其资质等级许可的范围或者以其他勘察、设计单位的名义承揽工程。禁止勘察、设计单位允许其他单位或者个人以本单位的名义承揽工程。

勘察、设计单位不得转包或者违法分包所承揽的工程。

第六十一条 违反本条例规定，勘察、设计、施工、工程监理单位允许其他单位或者个人以本单位名义承揽工程的，责令改正，没收违法所得，对勘察、设计单位和工程监理单位处合同约定的勘察费、设计费和监理酬金 1 倍以上 2 倍以下的罚款；对施工单位处工程合同价款 2% 以上 4% 以下的罚款；可以责令停业整顿，降低资质等级；情节严重的，吊销资质证书。

第七十五条 本条例规定的责令停业整顿，降低资质等级和吊销资质证书的行政处罚，由颁发资质证书的机关决定；其他行政处罚，由建设行政主管部门或者其他有关部门依照法定职权决定。

依照本条例规定被吊销资质证书的，由工商行政管理部门吊销其营业执照。

4.《建设工程勘察设计管理条例》第八条 建设工程勘察、设计单位应当在其资质等级许可的范围内承揽建设工程勘察、设计业务。

禁止建设工程勘察、设计单位超越其资质等级许可的范围或者以其他建设工程勘察、设计单位的名义承揽建设工程勘察、设计业务。禁止建设工程勘察、设计单位允许其他单位或者个人以本单位的名义承揽建设工程勘察、设计业务。

第三十五条 违反本条例第八条规定的，责令停止违法行为，处合同约定的勘察费、设计费 1 倍以上 2 倍以下的罚款，有违法所得的，予以没收；可以责令停业整顿，降低资质等级；情节严重的，吊销资质证书。

未取得资质证书承揽工程的，予以取缔，依照前款规定处以罚款；有违法所得的，予以没收。

以欺骗手段取得资质证书承揽工程的，吊销资质证书，依照本条第一款规定处以罚款；有违法所得的，予以没收。

案件承办人：

钱　铖　江　朋（杭州市钱塘区人民检察院）

案例撰写人：

缪慧琴　江　朋（杭州市钱塘区人民检察院）

责任编辑：

史笑晓（杭州市人民检察院）

毛　咪（桐庐县人民检察院）

建设工程领域农民工工资专户运行监管行政违法行为类案监督

桐庐县人民检察院

桐庐县检察院召开建设工程领域农民工工资专用账户监督职责检察监督案听证会

▐▍ 关键词

行政违法行为监督　大综合一体化　农民工工资专户过程性监管
行业治理

▐▍ 要旨

为防范农民工欠薪问题，检察机关以"大综合一体化"行政执法改革为契机，全面深化行政检察监督，通过检察建议督促职能部门履行对工程建设领域农民工工资专用账户的过程性监管职责。通过检察大数据战略的落地实践，推动个案监督向类案监督迭代迈进。构建跨部门协作机制，实现行业治理与社会治理的路径重塑。

▐▍ 基本情况

农民工工资专用账户的开设，将人工费用从工程款中剥离出来单独规范管理，防止与材料费、管理费等资金混同被挪用挤占，该账户资金系专门用于支付所承包工程项目的农民工工资，对防范农民工欠薪问题起到重要作用。2022年5月，桐庐县人民检察院（以下简称"桐庐县院"）在履职中发现，因某工程建设项目的甲方未按规定及时足额拨付人工费用导致拖欠农民工工资这一线索。经走访桐庐县住房和城乡建设局（以下简称"县住建局"），了解到这并非个例，有必要利用大数据手段开展排摸。2022年6月，经数据碰撞和比对，最终确定24条同类线索，实现了从个案办理到类案治理的路径迭代。在此基础上，为规范行政机关依法履职，桐庐县院于2022年9月召集涉案各方当事人及相关职能监管部门举行听证会，探索解决农民工欠薪方案，并在会议纪要基础上，于2023年3月出台相关机制，明确部门职责分工，推动构建信息共享、线索移送、案情通报等协作机制，以建章立制实现长效治理，推进诉源治理和系统治理。

■■ 个案线索发现

2022 年 3 月初，经中央批复同意，浙江成为全国唯一的"大综合一体化"行政执法改革国家试点，将发生频率高、与群众生产生活密切的执法事项纳入综合行政执法，实现部门、区域、层级一体联动，构建全方位的监管执法系统体系和权责统一、权威高效的行政执法新格局。桐庐县院主动融入试点先行优势，与桐庐县人民政府会签《关于"大综合一体化"行政执法与行政检察衔接合作框架协议》，建立综合行政执法和检察监督衔接机制，并成立派驻县综合行政执法局检察官办公室，合力解决行政执法领域系统性问题。

2022 年 5 月，桐庐县综合行政执法局（以下简称"县综合执法局"）收到监管部门移送的涉及桐庐某工程建设项目未按三方协议约定拨付人工费用引发农民工欠薪的相关案件。县综合执法局经调查发现，因甲方某教育科技有限公司未按三方协议在约定期限内向农民工工资专用账户拨付人工费用，造成某学校工程建设项目尚有 123 名农民工共计 323 万余元的工资未按时支付。县综合执法局责令限期整改，但甲方某教育科技有限公司在规定期限内拒不改正，仍未向农民工工资专用账户拨付应付款项，遂将线索通过派驻检察官办公室移送至桐庐县院公益诉讼检察部门。由于农民工劳动报酬权益保护涉及相关行政机关监管不力，可能存在行政违法情形，公益诉讼检察部门将线索移送至行政检察部门。行政检察部门承办检察官经初步摸排，了解到工程建设领域农民工欠薪问题并非个案，有必要开展数字化类案监督治理。

■■ 数据分析方法

数据来源

1. 农民工工资专用账户账号和工资性工程预付款、人工费用拨付条款、乙方企业名称（源于浙江省企业工资支付监管平台）；

2. 乙方企业统一社会信用代码（源于全国组织机构统一社会信用代码公示查询平台）；

3. 农民工资专用账户银行交易流水（源于浙江省人民检察院涉案账户数字查询系统和金融机构）。

数据分析关键词

一是从浙江省企业工资支付监管平台下载辖区全部在建工程的三方协议，从中获取农民工工资专用账户账号和工资性工程预付款、人工费用拨付条款、乙方企业名称；二是从全国组织机构统一社会信用代码公示查询平台获取乙方企业的统一社会信用代码；三是从浙江省人民检察院涉案账户数字查询系统和金融机构获取农民工工资专用账户银行交易流水；四是对三方协议中的"工资性工程预付款、人工费用拨付条款"与农民工工资专用账户银行交易流水进行比对，确定未按约定向农民工工资专用账户拨付工资性工程预付款、人工费用的甲方企业名单。

数据分析步骤

第一步：通过浙江省企业工资支付监管平台下载辖区在建工程甲方、乙方与开户银行签订的三方协议，从中提取乙方企业名称、农民工工资专用账户账号和工资性工程预付款、人工费用拨付条款。

第二步：将第一步获取的乙方企业名称输入全国组织机构统一社会信用代码公示查询平台，查询乙方企业的统一社会信用代码。

第三步：将乙方企业的统一社会信用代码和农民工工资专用账户账号输入浙江省人民检察院涉案账户数字查询系统，获取农民工工资专用账户银行交易流水。

第四步：在浙江省人民检察院涉案账户数字查询系统内无法获取的部分银行交易流水数据，直接到开户的金融机构调取。

第五步：通过比对三方协议约定的工资性工程预付款、人工费用拨付条款和农民工工资专用账户银行交易流水，查明未按约定拨付工资性工程预付款、人工费用的甲方企业名单。

思维导图

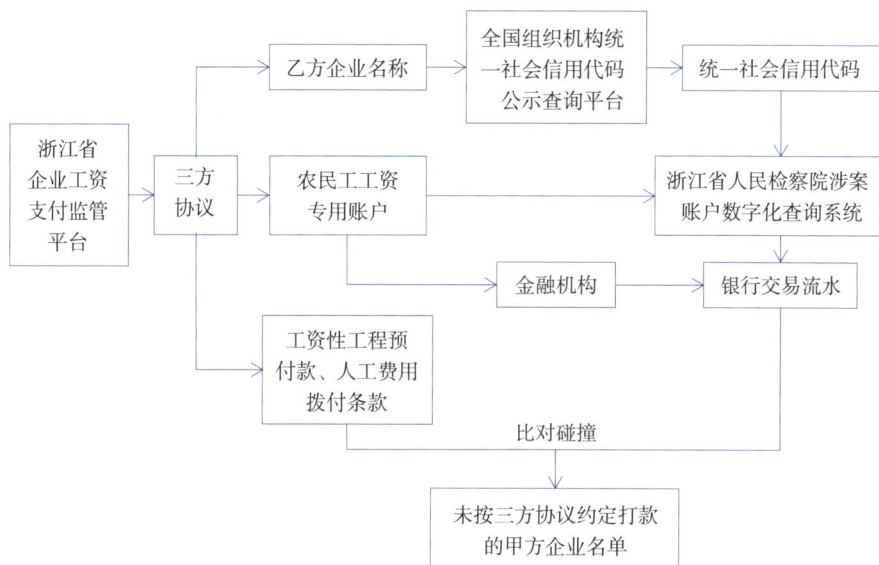

📊 检察融合监督

桐庐县院紧扣"个案办理—类案监督—社会治理"法律监督模式，有效实现了行政检察和民事检察的职能融合，合力为农民工权益保护"撑腰站台"。

行政检察监督

在个案线索基础上对辖区内全部在建工程项目进行数字化摸排，梳理出24家未按三方协议约定向农民工工资专用账户拨付人工费用的甲方企业，立案审查后向相关职能部门制发行政违法行为监督检察建议，要求其履行对工程建设领域农民工工资专用账户的过程性监管职责。相关职能部门对检察建议全部采纳，第一时间对辖区内在建工程项目的农民工欠薪情况进行全面排摸，并召集某工程建设项目的甲方、乙方和农民工代表协调付款事宜，达成支付部分款项及分期付款协议，取得了监督的预期效果。

民事检察监督

行政检察部门同步向民事检察部门移送农民工欠薪民事支持起诉线索，民事检察部门经调查核实、释法说理、引导和解、与法院协调联动等方式，实现 2 件案件调解结案，成功促使用工单位兑付全部欠薪。

社会治理成效

2023 年 3 月，桐庐县院联合多部门，共同出台《关于保障工程建设领域农民工工资支付的协作配合意见》，重点围绕工程建设领域农民工工资专用账户的运行及监管，明确职责分工，推动建立数据共享、案情通报等协作机制，有效反哺"大综合一体化"行政执法改革，助推县域社会整体智治。2022 年 12 月，杭州市人民检察院在全市检察机关开展"护薪惠民"农民工工资支付管理数字监督专项行动，实现"一域突破、全市共享"，该案获评最高检"行政检察服务保障浙江高质量发展建设共同富裕示范区"典型案例。

办案指引

（一）以"大综合一体化＋派驻检察官办公室"为切口，串联个案办理线索

浙江省是全国唯一的"大综合一体化"行政执法改革试点省份，桐庐县是首批全国法治政府建设示范县和全省"大综合一体化"行政执法改革首批试点。2022 年 5 月，桐庐县院紧扣"大综合一体化"行政执法全省试点先行优势，推动成立全市首个派驻检察官办公室，开展行政检察助推依法行政的基层路径探索。6 月上旬，县综合执法局通过派驻检察官办公室向桐庐县院公益诉讼检察部门移送农民工劳动报酬权益保护线索。公益诉讼检察部门核查后，认为工程建设领域因甲方未按三方协议在约定期限内向农民工工资专用账户拨付人工费用，遂造成了农民工欠薪纠纷的发生，而相关职能部门对农民工工资专用账户规范运行的监管存在怠于履职或履职不到位的情形，属行政违法行为，故再次将线索移送行政检察部门。

乘"大综合一体化"改革东风，以派驻综合行政执法局检察官办公室作为移送线索的新窗口、新路径、新桥梁，撬动探索创新检察监督与行政执法协调监督工作模式，助推行政执法体系变革重塑高效落地，是以行政检察助推依法行政的有益实践，更是推动法治政府建设和法律监督工作向更高水平迈进的坚实力量。

（二）以"数字赋能＋部门融合"为支撑，实现类案监督破题

检察机关推进数字化改革，就是要依托大数据推进法律监督模式重塑性变革，实现监督能力、监督质效的重大跃升。桐庐县院经走访县住建局了解到，辖区内因工程建设领域甲方不按规定支付人工费用导致欠薪纠纷发生的情况较为普遍。经向相关职能部门调取辖区内全部 208 个在建工程项目的备案材料，包括三方协议、农民工工资专用账户账号等资料，通过浙江省人民检察院涉案账户数字系统及从银行调取的农民工工资专用账户银行流水数据进行碰撞比对，精准发现 24 个在建工程项目未履行按时足额向农民工工资专用账户拨付人工费用的义务，实现了从个案办理到类案监督的突破。农民工工资专用账户规范运行的监管部门未履行过程性监管职责，属于行政违法行为，应开展行政检察监督。在此基础上，同步向民事检察部门移送农民工欠薪民事支持起诉线索，合力为保护农民工权益。

检察机关在依法履行行政检察职能过程中，一方面，树立以数字化引领类案监督的思维，善用大数据这一"监督利器"，充分发挥其叠加、倍增、放大作用，切实提升法律监督质效；另一方面，加强内部融合，树立数字监督一体化办案理念，打破部门藩篱，强化部门协作，最大限

度释放监督效能。

(三) 以"检察建议 + 公开听证"为支点,打造系统治理闭环

2022 年 8 月,针对前述问题,桐庐县院依法制发检察建议,建议相关职能部门积极履职,加强对工程建设领域农民工工资专用账户规范运行的过程性监管,对辖区内 24 个在建工程项目未按规定履行人工费用专项拨款义务的情形进行处理,并对工程建设领域农民工工资专用账户履约情况开展专项排查,以点及面推动行业治理。相关职能部门全部采纳检察建议内容,第一时间对辖区内在建工程项目的农民工欠薪情况进行全面排摸,联合住建部门召集未按规定履行人工费用专项拨款义务的 24 家建设单位谈话,并责令按照三方协议的约定补充履行拨款义务或按时支付农民工工资,对未按要求整改的,移送县综合执法局依法作出行政处罚。此外,为进一步贯彻落实《中共中央关于加强新时代检察机关法律监督工作的意见》,加强行政违法行为监督工作的协作配合,规范行政机关依法履职,桐庐县院召集涉案各方当事人及相关职能部门、人大代表、政协委员、听证员代表等举行听证会,探索解决防范农民工欠薪方案,并于会后出台协作配合机制,明确各部门职责,形成保障工程建设领域农民工工资支付的合力。

民生无小事,枝叶总关情。检察机关将检察履职自觉融入国家治理和社会治理,通过打好制发检察建议、举行公开听证的"组合拳",以"我管"促"都管",切实杜绝群体性欠薪事件再次发生,推动解决人民群众急难愁盼和社会治理堵点难点,聚力推进县域社会治理现代化,助推实现中国式现代化。

📊 法律法规依据

1.《人民检察院检察建议工作规定》第十一条 人民检察院在办理案件中发现社会治理工作存在下列情形之一的,可以向有关单位和部门提出改进工作、完善治理的检察建议:

（一）涉案单位在预防违法犯罪方面制度不健全、不落实，管理不完善，存在违法犯罪隐患，需要及时消除的；

（二）一定时期某类违法犯罪案件多发、频发，或者已发生的案件暴露出明显的管理监督漏洞，需要督促行业主管部门加强和改进管理监督工作的；

（三）涉及一定群体的民间纠纷问题突出，可能导致发生群体性事件或者恶性案件，需要督促相关部门完善风险预警防范措施，加强调解疏导工作的；

（四）相关单位或者部门不依法及时履行职责，致使个人或者组织合法权益受到损害或者存在损害危险，需要及时整改消除的；

（五）需要给予有关涉案人员、责任人员或者组织行政处罚、政务处分、行业惩戒，或者需要追究有关责任人员的司法责任的；

（六）其他需要提出检察建议的情形。

2.《保障农民工工资支付条例》第二十四条第二款、第三款 建设单位与施工总承包单位依法订立书面工程施工合同，应当约定工程款计量周期、工程款进度结算办法以及人工费用拨付周期，并按照保障农民工工资按时足额支付的要求约定人工费用。人工费用拨付周期不得超过一个月。

建设单位与施工总承包单位应当将工程施工合同保存备查。

第二十九条第一款 建设单位应当按照合同约定及时拨付工程款，并将人工费用及时足额拨付至农民工工资专用账户，加强对施工总承包单位按时足额支付农民工工资的监督。

第五十七条 有下列情形之一的，由人力资源社会保障行政部门、相关行业工程建设主管部门按照职责责令限期改正；逾期不改正的，责令项目停工，并处 5 万元以上 10 万元以下的罚款：

（一）建设单位未依法提供工程款支付担保；

（二）建设单位未按约定及时足额向农民工工资专用账户拨付工程款中的人工费用；

（三）建设单位或者施工总承包单位拒不提供或者无法提供工程施工合同、农民工工资专用账户有关资料。

3.《浙江省工程建设领域农民工工资专用账户管理实施细则》第二条 本细则所称农民工工资专用账户（以下简称专用账户）是指施工总承包单位（包括直接承包建设单位发包工程的专业承包企业，以下简称总包单位）在工程建设项目所在地银行业金融机构（以下简称银行）开立的，专项用于支付农民工工资的专用存款账户。

第三条 本细则所称专用账户的监管部门（以下简称监管部门）为工程建设项目所在地县级以上人力资源社会保障部门。

第八条 监管部门应当建立工资支付监控和预警机制，监测专用账户资金支付使用情况，确保专用账户支付工资的农民工与本项目实名制考勤记录相符。

案件承办人：

林卫红　王泽静（桐庐县人民检察院）

案例撰写人：

王泽静　谢　凯　毛　咪（桐庐县人民检察院）

责任编辑：

史笑晓　周秀美（杭州市人民检察院）

侵害未成年人犯罪类案监督

杭州市萧山区人民检察院

检察官办案团队结合类案办理经验，探索搭建医疗系统强制报告数字模型

关键词

未成年人　异常就医　强制报告　融合监督

要旨

检察机关在案件办理中发现，部分未成年人因性侵、虐待等原因就医时，部分医生未严格按照规定上报，从而导致案发不及时、取证困难、犯罪行为持续等后果。为落实强制报告制度，检察机关与卫健部门建立未成年人就诊数据一键调取平台，构建医疗系统强制报告数字模式，对分析研判出的异常线索开展刑事、民事、行政检察融合式法律监督，并联合涉未相关部门共护未成年人合法权益。

基本情况

侵害未成年人案件强制报告制度要求国家机关、居民委员会、村民委员会、密切接触未成年人的单位及其工作人员，在工作中发现未成年人身心健康受到侵害、疑似受到侵害或者面临其他危险情形的，应当立即向公安、民政、教育等有关部门报告。杭州市萧山区人民检察院（以下简称"萧山区院"）在助推强制报告制度入法后，始终致力于制度的落地落实。通过对近三年办理的侵害未成年人案件进行每案倒查，发现少数医生未切实履行报告义务；部分医生认为仅凭一次就诊记录，难以识别未成年人是否被侵害；线下数据移送的方式也导致检察机关无法实时、全面掌握未成年人异常就诊情况。为更好落实未成年人强制报告制度，萧山区院通过结构化梳理数据提取规则，与卫健部门联合建立"强制报告周报"数字模块，实现检察机关一键调取涉未异常就诊数据的功能，从而提升检察监督质效。萧山区院还联合卫健等部门开展相关轮训30余场，会同公安等9家单位建立常态化工作机制，有效推进强制报告制度实施。

▐▐▐ 个案线索发现

2022 年 4 月，萧山区院将某医疗机构提供的未成年人异常就诊数据与公安 110 指挥中心接处警记录、全国检察业务应用系统 2.0 进行比对，发现一名 13 周岁的未成年女性怀孕就医的线索，遂将该线索移交公安机关侦查，并同步启动自行调查。经查，2021 年底至 2022 年 4 月期间，犯罪嫌疑人陈某某明知被害人杨某某系不满 14 周岁的幼女，仍与其多次发生性关系并致其怀孕。2023 年 3 月，萧山区人民法院以陈某某犯强奸罪作出判决。该案反映出侵害未成年人犯罪因案发不及时导致未成年人被持续侵害的情况，有必要通过大数据手段对医疗机构开展强制报告专项治理监督。

▐▐▐ 数据分析方法

数据来源

1. 未成年人异常就诊数据（源于卫健部门）；

2. 未成年人被侵害报警信息（源于公安机关）；

3. 刑事案件被害人信息（源于全国检察业务应用系统 2.0）。

数据分析关键词

一是针对性侵类案件。先对妇科就诊人的年龄进行筛查，锁定未满 18 周岁的就诊人，特别是未满 14 周岁的未成年就诊人。再对妇科就诊人的诊疗记录进行关键词抓取，设定"怀孕""流产""堕胎"等关键词，检索出的诊疗信息即为未成年人异常就诊数据。

二是针对监护侵害等伤害类案件。因外科医生的"初步诊断"种类繁多、表述多样，难以通过简单的标签进行识别，遂对外科就诊记录、血化验单、超声报告等进行系统归集、综合研判。比如，针对接诊中较难识别的虐待情形、严重营养不良问题，结合外伤次数、血液化验单指标、BMI 指数等，设计估值以实现异常识别和报告预警。

数据分析步骤

第一步：将未成年人异常就诊数据与公安 110 指挥中心接处警记录中未成年人被侵害报警信息做差集和交集比对，分别标记"未报案数据""已报案数据"。

第二步：对"已报案数据"与全国检察业务应用系统 2.0 中刑事案件被害人信息做差集，得出"已报案未立案数据"。调取相关材料进行核查，对公安机关应当立案而未立案的进行立案监督，对不符合立案标准的案件，同步筛查支持起诉、督促监护等民事监督线索。

第三步：对"未报案数据"与全国检察业务应用系统 2.0 中刑事案件被害人信息做交集，得出"未报案已立案数据"。

调取相关材料进行人工核查，重点筛查报告责任主体应当报告而不报告的行政监督线索，以及支持起诉、督促监护等民事监督线索。

第四步：对"未报案数据"与全国检察业务应用系统 2.0 中刑事案件被害人信息做差集，得出"未报案未立案数据"，将上述线索移交公安机关侦查，辅之以自行调查，其间针对公安机关应当立案不立案等情形开展监督。

思维导图

```
                        未成年人就诊数据
        ┌───────────────────┬──────────────┬──────────┐
   筛选"怀孕"          外科就诊记录：   血化验单：    BMI：
   "流产"等关键词       一年内 2 次      贫血        小于18.5
    ┌──────┴──────┐                └─────┬──────┘
 年龄<14周岁  14周岁≤年龄<18周岁           │
    │                                    │
 高度异常数据                          异常数据

被侵害报警信息   高度异常/异常数据   被侵害报警信息
       └──差集──┘              └──交集──┘
      未报警数据                已报警数据
                    全国检察业务系统2.0
                    中刑事案件被害人信息
   差集    交集                      差集
未报案未立案数据  未报案已立案数据   已报案未立案数据
    │            │              │
  人工核查       人工核查        人工核查
    │            │              │
 刑事、民事、    行政监督/监护    立案监督/监护
 行政、监护监督   监督线索        监督线索
```

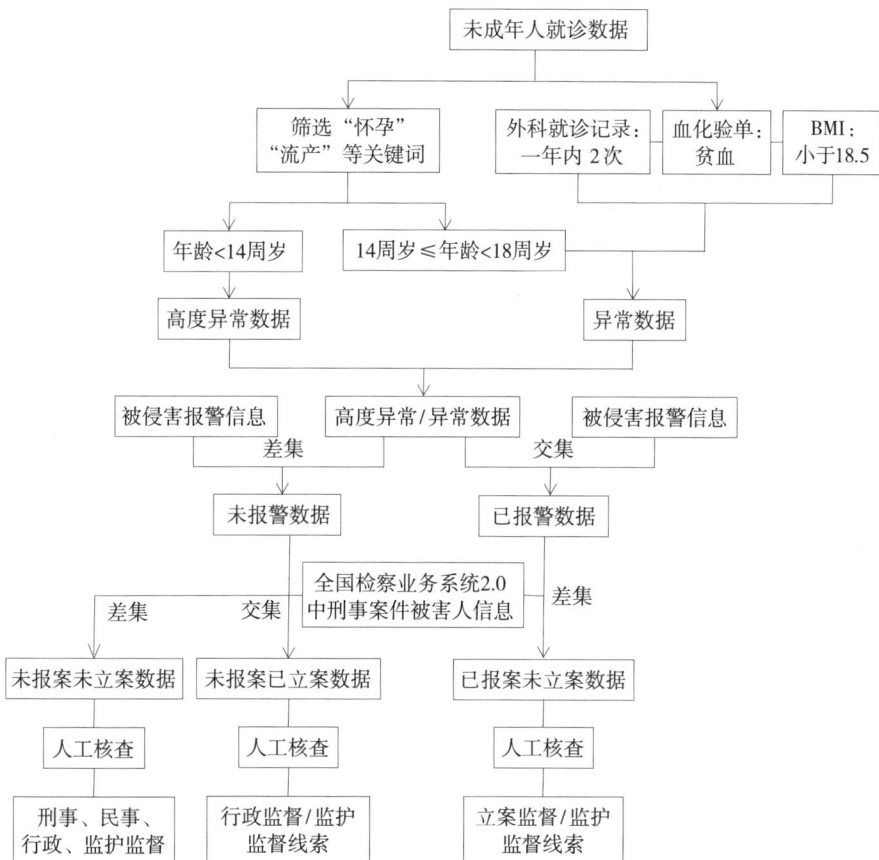

检察融合监督

刑事检察监督

通过归集、梳理、比对相关数据，发现"已报案未立案数据"1 条，"未报案未立案数据"10 条，初查标记为高度异常数据 5 条、异常数据 5 条，将上述线索移送公安机关侦查，推动公安机关刑事立案 1 件。

民事检察监督

对大数据比对归集的重点线索，一方面，审查法定代理人或者其他

监护人有无性侵未成年人、体罚或变相体罚、虐待未成年人等八类监护侵害的情形；另一方面，审查法定代理人或者其他监护人有无监护缺失、监护不当的情形。截至 2023 年 5 月，共梳理案件线索 6 条，均已办理成案。其中，办理变更抚养权、行使探望权民事支持起诉案件 2 件，发出督促监护令以监督落实监护职责案件 4 件。

行政检察监督

对该模型中发现的 10 条"未报案未立案数据"跟进核查，发现有医生错误地认为通知陪同就诊家属报案即为履行强制报告义务。针对这一情况，制发检察建议督促医疗主管部门加强指导和培训，提高医疗人员的未成年人保护意识和能力。推进医疗主管部门在职能范围内指导责任单位严格落实强制报告制度，进一步系统梳理医疗领域强制报告制度落实的重点问题。

社会治理成效

一是联合卫健等部门开展强制报告制度普法轮训。就发现的问题开展针对性的普法轮训 30 余场，提高相关从业群体对强制报告制度的知晓度、重视度和对就诊未成年人被侵犯的敏锐度，推进强制报告制度在医疗领域的有效落实。

二是建立强制报告长效机制。会同区公安、法院、民政、教育、医疗等 9 家单位制定《建立侵害未成年人案件强制报告制度工作实施办法》，进一步明确报告主体范围，细化线索移送机制，压实报告主体责任。

三是牵头开展全区自查自纠工作。萧山区院牵头全区其他未保委成员单位，督促各主管部门启动强制报告制度落实的自查自纠，梳理各领域存在的问题和制度执行障碍，共同织密未成年人保护网。

📊 办案指引

医疗系统强制报告数字模式的建模经验和监督方法，可类推适用于其他未成年人保护领域，以数字检察助推制度落实。

（一）由浅入深，打破传统监督模式

萧山区院的性侵害案件办理数量居全市前列，通过从个案线索办理到主动倒查近三年的类案，发现存在强制报告制度执行漏洞。面对线下难以实时全面获取线索、监督工作难以及时开展等问题，构建医疗系统强制报告数字模式，优化数据提取规则，实时发现异常就诊数据。通过数据比对、碰撞，深挖未进入司法程序的涉未成年人案件线索，堵住制度执行中的漏洞，保护"隐秘角落"里的未成年被害人。线索的批量发现、移送、成案、办理，使强制报告制度实现从"个体自觉"到"制度必须"再到"数字预警"的第三次飞跃。

（二）多跨协同，释放数字检察效能

运用数字侦查思维，从调取的 3 万余条基础数据中，梳理数据提取规则，将法律术语与医学术语相互融合，最终实现"办案语言""医疗语言""数据语言"相互碰撞，从而构建医疗大数据智慧报告模式。推动卫健部门在钉钉建立"强制报告周报"模块，实现异常数据及时归集，就诊未成年人身份信息、诊疗记录一键调取。最终在数字检察的撬动作用下，形成集监测预防、发现报告、应急处置、研判转介、帮扶干预、督察追责于一体的多跨协同应用，最大限度释放数字效能。

（三）以守为攻，提升法律监督质效

提升检察机关的监督质效，不仅要在案件办理过程中排查法律监督线索，更要在数据碰撞中挖掘线索。一方面，对发现的线索积极开展刑事立案监督、民事支持起诉、行政履职监督等工作，实现未成年人"四大检察"业务综合履职；另一方面，对医疗大数据智慧报告模式的推广应用，也能让全社会深化保护未成年人的共识，对潜在的侵害人形成威慑，最终从根源上减少侵害案件的发生。

（四）以点及面，共护涉未合法权益

结合《未成年人保护法》、最高检等九部委《关于建立侵害未成年人案件强制报告制度的意见》，萧山区院会同区公安、法院、民政、教育、医疗等9家单位制定《建立侵害未成年人案件强制报告制度工作实施办法》，对应报告而未报告的责任主体采用教育、批评、处分、问责、刑事线索移送等分层处理。通过明确强制报告制度在特定领域的实施办法及问责机制，凝聚未成年人保护合力，共护涉未合法权益，打造"1+5＞6＝'实'"的未成年人保护新格局。

法律法规依据

1.《中华人民共和国未成年人保护法》第十一条　任何组织或者个人发现不利于未成年人身心健康或者侵犯未成年人合法权益的情形，都有权劝阻、制止或者向公安、民政、教育等有关部门提出检举、控告。

国家机关、居民委员会、村民委员会、密切接触未成年人的单位及其工作人员，在工作中发现未成年人身心健康受到侵害、疑似受到侵害或者面临其他危险情形的，应当立即向公安、民政、教育等有关部门报告。

有关部门接到涉及未成年人的检举、控告或者报告，应当依法及时受理、处置，并以适当方式将处理结果告知相关单位和人员。

2.《中华人民共和国刑法》第二百三十六条　以暴力、胁迫或者其他手段强奸妇女的，处三年以上十年以下有期徒刑。

奸淫不满十四周岁的幼女的，以强奸论，从重处罚。

强奸妇女、奸淫幼女，有下列情形之一的，处十年以上有期徒刑、无期徒刑或者死刑：

（一）强奸妇女、奸淫幼女情节恶劣的；

（二）强奸妇女、奸淫幼女多人的；

（三）在公共场所当众强奸妇女、奸淫幼女的；

（四）二人以上轮奸的；

（五）奸淫不满十周岁的幼女或者造成幼女伤害的；

（六）致使被害人重伤、死亡或者造成其他严重后果的。

第二百六十条 虐待家庭成员，情节恶劣的，处二年以下有期徒刑、拘役或者管制。

犯前款罪，致使被害人重伤、死亡的，处二年以上七年以下有期徒刑。

第一款罪，告诉的才处理，但被害人没有能力告诉，或者因受到强制、威吓无法告诉的除外。

案件承办人：

方　芸　杜华莎（杭州市萧山区人民检察院）

案例撰写人：

方　芸　杜华莎（杭州市萧山区人民检察院）

责任编辑：

周秀美（杭州市人民检察院）

流动人口随迁子女权益保护综合履职

杭州市余杭区人民检察院

检察官办案组成员对"控辍保学动态监测"数字模型的开发可行性、阶段性工作成效进行研究分析

▋▎ 关键词

随迁子女　数字画像　综合履职　未成年人权益保护

▋▎ 要旨

流动人口随迁子女基于跨区域、跨部门的多头监管漏洞，发生辍学概率相对较高，长期失管被边缘化并成为犯罪、遭受侵害的易感群体，进而引发社会风险。检察机关贯彻最有利于未成年人原则，通过个案办理发现类案规律，依托大数据法律建模及辅助技术手段应用，以控辍保学为切入点，实现权益受损随迁子女的精准排查、保护全覆盖，灵活运用听证、磋商等方式，凝聚职能部门合力，探索有效治理路径，并构建多跨协同数字场景贯穿信息共享、线索流转、后端治理，在未检综合履职过程中实现法律监督质效的最大化，找到社会治理的最优解。

▋▎ 基本情况

随迁子女长期辍学失管难以被及时发现，易错过返校最佳年龄，从而引发其实施违法犯罪行为、遭受他人侵害或被非法雇佣童工等一系列社会问题。随迁子女具有流动频率高、管理服从性差、监管难度大的特点，而学籍和基础人口对比核查机制未有效落实，跨部门的数据查询体系未完整构建，辍学随迁子女群体难以被全面、精准掌握。检察机关探索建立大数据法律监督模型，通过数据碰撞、数字画像、调查取证，发现批量随迁子女辍学、非法用工等权益遭受侵害线索，推动职能部门有效打击犯罪，加强行政管理，促进监护人切实履行监管职责。在此基础上，检察机关联合职能部门会签常态化机制，通过信息共享、刑行衔接等机制，以司法保护和政府保护的互融互通，推动权益受损随迁子女的精准认定、保护覆盖，实现系统内和系统外的多跨，区域内与跨区域的协同，及重难点领域的穿透、系统治理。

📊 个案线索发现

杭州市余杭区人民检察院（以下简称"余杭区院"）在办理未成年人孟某某强奸案时发现，犯罪嫌疑人和被害人均系辍学随迁子女。经对该院近三年受理的涉未刑事案件摸排，辍学随迁子女在涉罪未成年人中占比 52%，在未成年被害人中占比高达 67%，其中又有 25% 存在非法用工情形，成为未成年保护需要关注的隐蔽角落。刑事案件中的随迁子女辍学失管问题反映出相关职能部门存在监管盲区，使众多不特定未成年人的合法权益遭受严重损害或面临损害风险。检察机关有必要通过大数据建模进行监督治理，加强对该类群体的社会管理和权益保护。

📊 数据分析方法

数据来源

1. 基础人口信息（源于公安机关）；

2. 学籍数据（源于教育部门）；

3. 支付宝交易记录〔源于支付宝（中国）网络技术有限公司〕；

4. 公安机关行政处罚信息（源于政府信息公开平台）；

5. 医疗机构诊疗信息（源于卫健部门）；

6. 刑事案件受理数据（源于全国检察业务应用系统 2.0）。

数据分析关键词

一是将义务教育适龄随迁子女基础人口信息与学籍信息比对，以"空白""流失""休学"为学籍状态关键词，建立"学籍异常适龄随迁子女"数据库，运用数字画像技术排查交易记录与学生日常交易习惯不符人员，判定为疑似辍学人员。

二是通过"周岁""未成年人"等关键词在违法治安处罚案件中确定侵害未成年人案件范围，以包含"猥亵""殴打""遗弃""未尽监护义务"等关键词的违法事实作为分析对象，筛查具体行为基本符合犯罪构成要件的线索。

三是针对未成年人诊疗记录，在外伤外科诊疗记录中筛查病史记载包含"殴打""伤害"等关键词的记录，在 16 周岁以下人员妇产科诊疗记录中筛查临床诊断包含"怀孕""流产""感染性病"等关键词的记录，在精神科诊疗记录中筛查包含"强奸""猥亵""家暴""虐待"等关键词的记录，摸排未成年人疑似遭受侵害的线索。最后对以上三类线索进行人工核实，确认具有监督价值的线索。

数据分析步骤

第一部分，控辍保学动态监测：

第一步：碰撞建库。从公安机关基础人口信息库调取行政区域内持有居住证或办理居住登记的义务教育适龄（7—16 周岁）人员数据，与教育部门的学籍信息碰撞，剔除学籍正常人员，获得学籍非正常人员信息。

第二步：数据筛查。选择学籍非正常人员信息中学籍状态为"空白""流失""休学"的人员，建立"学籍异常适龄随迁子女"数据库。

第三步：数字画像。通过协查方式获取"学籍异常适龄随迁子女"数据库中人员的支付宝交易记录，根据其交易、轨迹等信息，排查交易时间、内容、公共交通轨迹等与学生群体行为模式不符（如上学期间频繁交易，公共交通轨迹远离校园，转账备注"工资"等）的人员，确定为重点异常人员。

第四步：调查核实。对重点异常人员进行调查核实，确认其真实年龄、受教育状态、所在区域、生活来源等生存状况。

第二部分，行政处罚二次过滤：

第一步：数据归集。从政府信息公开平台归集公安机关行政处罚记录。

第二步：数据筛查。通过"周岁""未成年人"等关键词在公安机关行政处罚记录中筛选侵害未成年人案件，以包含"猥亵""殴打""遗弃""未尽监护义务"等关键词的违法事实作为分析对象，筛查具体行为基本符合犯罪构成要件的线索。

第三步：数据去重。将第二步获取的数据线索与全国检察业务应用系统2.0中的刑事案件受理数据进行碰撞比对，确定线索是否已经受理，剔除已经受理的数据，获得疑似立案监督线索。

第四步：调查核实。通过基础人口信息确认被害人身份，采用调阅卷宗、向被害人核实等方式对疑似立案监督线索信息开展调查取证，确认侵害未成年人犯罪事实。

第三部分，强制报告数字哨兵：

第一步：数据归集。从卫健部门归集医疗机构未成年人外伤外科、妇产科、精神科等诊疗信息。

第二步：数据筛查。筛查妇产科诊疗信息中符合"14周岁以下怀孕、流产、感染性病""停经期间测算实际怀孕时不满14周岁"等数据规则的记录，外伤外科诊疗信息中病史记载包含"殴打""伤害"等关键词的记录，精神科诊疗信息中包含"强奸""猥亵""家暴""虐待"等关键词的记录，筛选出高度疑似侵害未成年人犯罪线索。

第三步：数据去重。将高度疑似侵害未成年人犯罪线索与全国检察业务应用系统2.0中的刑事案件受理数据进行碰撞比对，确定线索是否已经受理，剔除已经受理的数据，获得拟监督线索。

第四步：调查核实。通过基础人口信息确认被害人身份，采用向被害人核实、向公安机关移送线索等方式，对拟监督线索开展调查取证，确认侵害未成年人犯罪事实。

思维导图

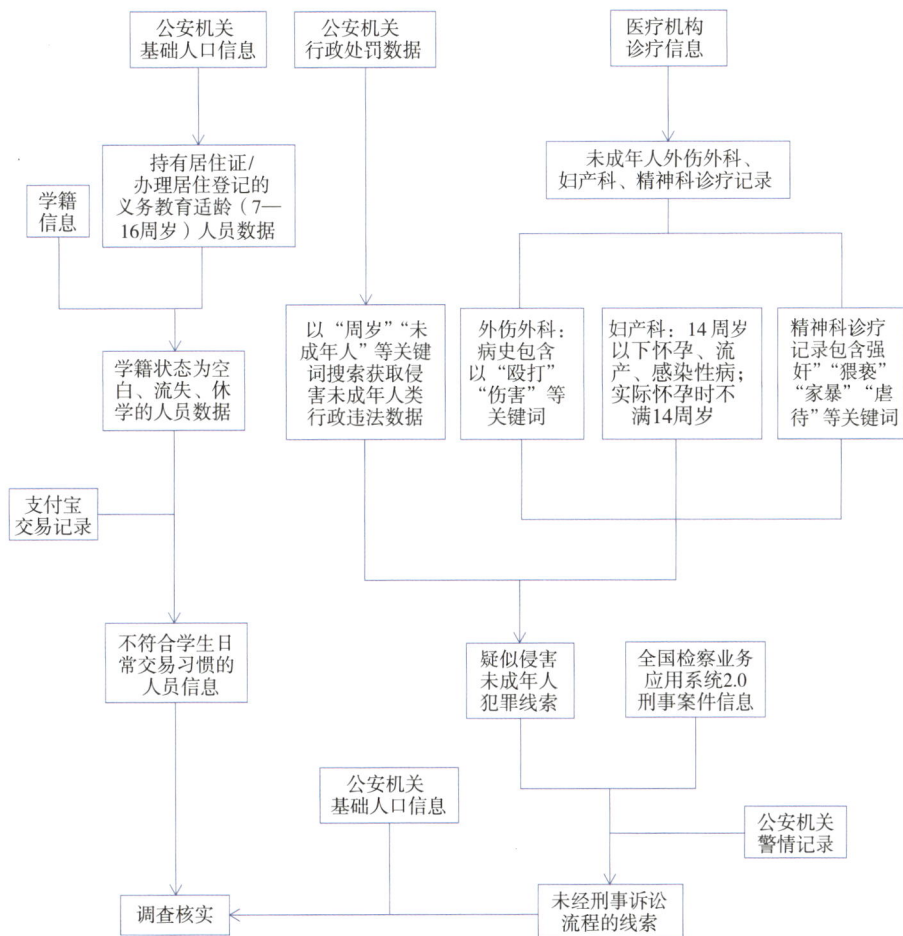

```
公安机关          公安机关                      医疗机构
基础人口信息     行政处罚数据                  诊疗信息

         持有居住证/                          未成年人外伤外科、
学籍     办理居住登记的                        妇产科、精神科诊疗记录
信息     义务教育适龄（7—
         16周岁）人员数据

         学籍状态为空     以"周岁""未    外伤外科：    妇产科：14周岁    精神科诊疗
         白、流失、休     成年人"等关键  病史包含      以下怀孕、流     记录包含强
         学的人员数据     词搜索获取侵  以"殴打"      产、感染性病；    奸""猥亵"
                          害未成年人类  "伤害"等      实际怀孕时不     "家暴""虐
支付宝                    行政违法数据  关键词        满14周岁         待"等关键词
交易记录

         不符合学生日                   疑似侵害      全国检察业务
         常交易习惯的                   未成年人      应用系统2.0
         人员信息                       犯罪线索      刑事案件信息

                         公安机关                                公安机关
                         基础人口信息                            警情记录

         调查核实 ←                    未经刑事诉讼
                                       流程的线索
```

📊 检察融合监督

余杭区院会同公安、教育、卫健、人社等部门，建立线索协同处置、联络员制度及联席会议等工作机制，形成随迁子女权益保护的"攻守联盟"。

公益诉讼推动履职

通过数据分析发现 6000 余名学籍异常人员，随机选取 300 余名开展数字画像、调查取证，认定辍学失管 22 人，被非法雇佣为童工 9 人，涉及 11 家企业或雇主。进一步发现部分医疗机构疑似未严格履行强制报告义务的相关线索，1 名儿童遭受性侵后未及时立案。办案部门与多个职能部门开展行政公益诉讼磋商，推动线索处置、监管履职。截至 2024 年 4 月，发现辍学失管、非法用工、强制报告等线索 130 余条，办理行政公益诉讼案件 5 件。

刑事检察打击犯罪

对强制报告、行政处罚信息中筛查发现的疑似侵害随迁子女犯罪线索进行调查核实，以线索移送、立案监督等方式先后推动公安机关对 5 起性侵案件立案侦查。由于部分案件缺乏现场取证条件，一些随迁子女流出本地，检察机关多次与公安机关进行前期会商，提前介入引导侦查思路，协同侦查人员跨省取证，以确保取证及时、全面、充分，为后期有力指控奠定基础。截至 2024 年 4 月，均已移送起诉，2 人被判处十年以上有期徒刑。

民事检察督促监护

针对监护缺失导致未成年人辍学、打工或遭受性侵问题，先后向 5 名"问题家长"制发"督促监护令"，对 2 名监护人开展口头教育，督促其履责保障未成年人合法权益。通过与公安机关、法院、教育部门、乡镇街道等多方联动，2 名未成年人已重返校园，1 名家长承诺为辍学子女办理入学手续。此外，对于因家庭陷入困境而辍学、打工并遭受性侵的程某某，依法启动司法救助，开展心理疏导，帮助其尽快回归正常生活。

📊 社会治理成效

以案件办理为契机，余杭区院坚持由点及面、由案到治，联合公安、教育、卫健、人社、综合行政执法多部门出台《关于建立余杭区未成年人权益保护协同共管机制的意见》，打造"未成年人权益保护"数字系统。通过建立信息共享、行刑衔接、闭环处置等机制，形成以"控辍保学动态监测""行政处罚二次过滤""强制报告数字哨兵""密接人员入职查询"为子场景的"四位一体"未成年人智慧保护格局。

针对随迁子女群体的权益保护问题，余杭区院认真梳理汇总未成年人检察履职过程中发现的社会治理问题，形成调研材料并提出意见建议，相关建议被写入2023年浙江省政府民生实事项目，经验做法被《检察日报》报道，《浙江法治报》头版刊登并发表时评。

针对案件办理中发现的跨省线索，余杭区院通过建立线索移送、协作办案、异地救助机制，除向外省检察机关移送医疗机构未落实强制报告制度线索，还对接外省检察机关对性侵案件被害人联合开展异地司法救助，多地联动以确保未成年人综合保护的一体协同走深走实。

📊 办案指引

针对未成年人尤其是随迁子女权益"失守"问题，检察机关遵循"个案办理—类案监督—社会治理"大数据法律监督路径，并结合实践总结出未成年人检察特色的办案经验。

（一）数"职"共履，聚焦难点堵点痛点

一是在司法理念上，遵循个案发现、类案监督、综合履职的监督路径，树立一体协同、共建共享、系统治理的监督理念，更强调系统和综合审查思维，立足个案、深挖线索、总结规律，把未成年人司法保护尽可能做到全面、极致。二是在履职方式上，以内部一体、外部协作、上下协同、跨域联动的能动履职模式，形成职能、优势互补，

产生整体、链条的系统效应，更强调开展多维度、集成式、系统性地融合履职。三是在诉源治理上，更注重依法能动履职，深化治理、源头预防，打好未检一体化综合履职的"组合拳"，筑牢未成年人权益保护的"防火墙"。

（二）数"智"兼修，路径多方多维多元

一是创新履职模式。立足法律监督，强化数字赋能，构建多领域的监督模型，开展多跨场景的数据协同，借力多类型数字工具，开展多维度的融合履职。二是促进流程再造。通过优化"数据流"再造"业务流"，优化"数据规则"再造"业务规则"，优化"监督模型"再造"业务流程"，实现检察办案、法律监督、社会治理的路径融合。三是打造数字系统。以"未成年人权益保护"为核心，构建多位一体未成年人智慧保护格局，为机制常态化运行提供有力技术保障。

（三）数"治"赋能，促进共建共管共赢

新时代检察工作实现了"由案到治"的新跨越，更注重前端预防与后端治理。一是形成共建合力。坚持"柔性"监督和"刚性"监督相融合的法律监督新模式，有效解决实践中主动共享与被动监督的矛盾瓶颈，激发依法主动行政自觉。二是共商治理措施。践行"众人的事情由众人商量"，灵活运用公开听证、会议磋商等方式，达成治理共识，探索有效治理路径，充分发挥治理效能。三是共赢反哺共享。全面建立多部门共同参与的跨场景、跨区域未成年人权益保护协同共管体系，以信息共享实现治理共赢，以治理成效反推数据共享，营造更持续有力、应用高频、良性互动的法律监督环境。

📊 法律法规依据

1.《中华人民共和国宪法》第四十六条第一款　中华人民共和国公民有受教育的权利和义务。

2.《中华人民共和国义务教育法》第四条　凡具有中华人民共和国

国籍的适龄儿童、少年，不分性别、民族、种族、家庭财产状况、宗教信仰等，依法享有平等接受义务教育的权利，并履行接受义务教育的义务。

第十四条第一款 禁止用人单位招用应当接受义务教育的适龄儿童、少年。

3.《中华人民共和国未成年人保护法》第十六条第五项 未成年人的父母或者其他监护人应当履行下列监护职责：

（五）尊重未成年人受教育的权利，保障适龄未成年人依法接受并完成义务教育。

第六十一条第一款、第二款 任何组织或者个人不得招用未满十六周岁未成年人，国家另有规定的除外。

营业性娱乐场所、酒吧、互联网上网服务营业场所等不适宜未成年人活动的场所不得招用已满十六周岁的未成年人。

第八十三条 各级人民政府应当保障未成年人受教育的权利，并采取措施保障留守未成年人、困境未成年人、残疾未成年人接受义务教育。

对尚未完成义务教育的辍学未成年学生，教育行政部门应当责令父母或者其他监护人将其送入学校接受义务教育。

4.《中华人民共和国劳动法》第十五条第一款 禁止用人单位招用未满十六周岁的未成年人。

5.《禁止使用童工规定》第三条第一款 不满 16 周岁的未成年人的父母或者其他监护人应当保护其身心健康，保障其接受义务教育的权利，不得允许其被用人单位非法招用。

第四条 用人单位招用人员时，必须核查被招用人员的身份证；对不满 16 周岁的未成年人，一律不得录用。用人单位录用人员的录用登记、核查材料应当妥善保管。

6.《最高人民检察院、国家监察委员会、教育部、公安部、民政部、司法部、国家卫生健康委员会、中国共产主义青年团中央委员会、中华全国妇女联合会关于建立侵害未成年人案件强制报告制度的意见（试行）》第三条　本意见所称密切接触未成年人行业的各类组织，是指依法对未成年人负有教育、看护、医疗、救助、监护等特殊职责，或者虽不负有特殊职责但具有密切接触未成年人条件的企事业单位、基层群众自治组织、社会组织。主要包括：居（村）民委员会；中小学校、幼儿园、校外培训机构、未成年人校外活动场所等教育机构及校车服务提供者；托儿所等托育服务机构；医院、妇幼保健院、急救中心、诊所等医疗机构；儿童福利机构、救助管理机构、未成年人救助保护机构、社会工作服务机构；旅店、宾馆等。

第四条　本意见所称在工作中发现未成年人遭受或者疑似遭受不法侵害以及面临不法侵害危险的情况包括：

（一）未成年人的生殖器官或隐私部位遭受或疑似遭受非正常损伤的；

（二）不满十四周岁的女性未成年人遭受或疑似遭受性侵害、怀孕、流产的；

（三）十四周岁以上女性未成年人遭受或疑似遭受性侵害所致怀孕、流产的；

（四）未成年人身体存在多处损伤、严重营养不良、意识不清，存在或疑似存在受到家庭暴力、欺凌、虐待、殴打或者被人麻醉等情形的；

（五）未成年人因自杀、自残、工伤、中毒、被人麻醉、殴打等非正常原因导致伤残、死亡情形的；

（六）未成年人被遗弃或长期处于无人照料状态的；

（七）发现未成年人来源不明、失踪或者被拐卖、收买的；

（八）发现未成年人被组织乞讨的；

（九）其他严重侵害未成年人身心健康的情形或未成年人正在面临不法侵害危险的。

7.《浙江省义务教育条例》第十二条　持有本省居住证的人员，与其同住的子女需要在居住地接受义务教育，符合省人民政府规定条件的，可以凭居住证到居住地所在县级人民政府教育主管部门申请就读；县级人民政府教育主管部门应当按照规定予以保障。

案件承办人：
鲍　键　李圣洁（杭州市余杭区人民检察院）

案例撰写人：
鲍　键　李圣洁（杭州市余杭区人民检察院）

责任编辑：
史笑晓　周秀美（杭州市人民检察院）

涉未成年人网约房业态治理融合监督

杭州市临平区人民检察院

承办检察官汇报涉未成年人网约房业态治理数字融合式监督案办理情况

█▍ 关键词

未成年人　新兴业态　网约房　犯罪滋生　融合监管

█▍ 要旨

在共享经济蓬勃发展下而催生的"网约房"，是通过网上提供房源、网上签订交易，以短租、日租存在的出租房模式（常见如公寓、民宿、客栈、酒店等）。近年来，"网约房"产业发展迅猛，已逐渐成为一类较为普遍的住宿业态，深受广大青少年尤其是未成年人的欢迎。但"网约房"业态存在大量风险隐患和治安管理问题，呈现粗放发展趋势。检察机关总结"小切口个案"，关注"网约房"未纳管信息、未成年人异常入住信息以及电竞网约房提供上网服务信息，运用数字办案手段开展"四大检察"一体化履职，通过立案监督、线索移送、检察建议、支持起诉等方式实现类案监督，全面保障未成年人合法权益。聚焦社会治理的薄弱地带和难点领域，创建多跨应用场景，形成常态治理机制，推动"网约房"业态规范运营，体现了服务经济社会高质量发展的检察担当。

█▍ 基本情况

杭州市临平区人民检察院（以下简称"临平区院"）在办案中发现，"网约房"新业态治理中存在监管信息不全、入住人员不登记、接纳未成年人入住未履行询问义务、发现涉未违法犯罪情况不履行报告义务等行业管理问题，导致"网约房"成为未成年人权益受侵害的隐蔽场所，客观上给心智尚不成熟的未成年人创造了聚集滋事甚至违法犯罪的条件。临平区院从个案切入，制定监督规则，调取相关数据，搭建监督模型，对"网约房"业态相关数据进行碰撞、比对，同步梳理涉未成年人"四大检察"监督线索，融合式开展涉未成年人法律监督工作。同时，搭建"网约房"业态监督多跨应用场景，对未纳入行业管理系统"网约房"、未成年人异常入住等情况开展监督，实现监督线索的可视化、直观化、系统化，充分发挥未检业务统一集中办理优势，全面保障未成年人合法权益。

个案线索发现

2021 年 11 月底，临平区院在办理未成年人张某某贩卖毒品案中发现，下家购买毒品后到临平辖区内某"网约房"吸毒。临平区院通过询问证人、调取经营主体登记信息、实地走访、调取监控等方式开展调查，发现该"网约房"未纳入行业管理系统，长期处于公安机关监管之外，且接纳未成年人入住不进行实名登记，也未按照法律规定询问家长姓名和联系方式，在发现疑似侵害未成年人的违法犯罪行为时也未报告相关部门，且在房间内配置游戏电脑为未成年人提供无限制上网服务，甚至存在容纳青少年（包含部分未成年人）吸食新型毒品合成大麻素的行为。该"网约房"经营行为严重违反了浙江省公安厅《网络预约居住房屋信息登记办法（试行）》第 5 条、《中华人民共和国未成年人保护法》第 57 条等有关住宿经营以及未成年人保护的相关规定。与此同时，临平区院发现上述问题并非个案，相关职能部门未及时、全面履行监管责任，有必要通过大数据检察手段开展网约房专项治理监督，有效预防侵害未成年人权益的违法犯罪行为，营造健康清朗的成长空间。

数据分析方法

数据来源

1. 住宿业工商登记信息（源于市场监管部门）；

2. 网约房登记信息、旅馆业特种行业登记信息、未成年人住宿登记信息（源于公安机关）；

3. 犯罪嫌疑人基本信息（源于全国检察业务应用系统 2.0）。

数据分析关键词

以"住宿业"为关键词，检索主体信息；梳理"同时同地聚集性同住""长期住宿""入住时间为深夜和凌晨"等异常入住标签，以此为关键词检索未成年人异常入住信息。

数据分析步骤

第一步：提取要素，初步梳理。分别从住宿业工商登记信息、网约房登记信息、旅馆业特种行业登记信息中提取经营主体名称、负责人姓名、经营地址等要素。

第二步：数据碰撞，确定异常。将前述梳理后的工商登记信息分别与网约房登记信息、旅馆业特种行业登记信息进行数据比对、碰撞，得出未纳入公安机关监管系统的主体信息。

第三步：制定标签，数据筛查。根据侵害未成年人案件的特点结合办案经验，整理出"同时同地聚集性同住""入住时间为深夜和凌晨""未满14周岁幼女与异性同住"等未成年人入住异常标签，从未成年人住宿登记信息中进行筛选，梳理出未成年人异常入住线索。

第四步：人员比对，证言固定。将前述线索中的人员信息与全国检察业务应用系统2.0中的犯罪嫌疑人信息进行比对，锁定重点人员、重点线索。

思维导图

```
┌─────────────────────┐   ┌───────────────┐        ┌─────────────────────┐
│ 全国检察业务应用系统2.0 │   │ 公安机关登记系统 │        │ 市场监管工商登记系统 │
└─────────────────────┘   └───────────────┘        └─────────────────────┘
```

```
┌──────────┐ ┌────────────┐ ┌────────────┐ ┌────────────┐ ┌────────────┐
│ 犯罪嫌疑人 │ │ 未成年人相关 │ │ 网约房登记信息 │ │ 旅馆业特种行业 │ │ 住宿行业工商 │
│ 基本信息   │ │ 住宿登记记录信息│ │          │ │ 经营许可证信息 │ │ 登记信息    │
└──────────┘ └────────────┘ └────────────┘ └────────────┘ └────────────┘
```

```
┌────────────────────────┐        ┌────────────────────┐
│ 梳理涉案的未成年人异常入住信息 │        │ 数据碰撞、对比、梳理 │
└────────────────────────┘        └────────────────────┘
```

```
┌────────────────────────┐   ┌──────────────────────────────────────┐
│ 发现涉未成年人违法犯罪线索 │   │ 发现未办理行业纳管手续、未进行住宿人员身份 │
└────────────────────────┘   │ 核验、未履行强制报告义务等违法经营行为 │
                              └──────────────────────────────────────┘
```

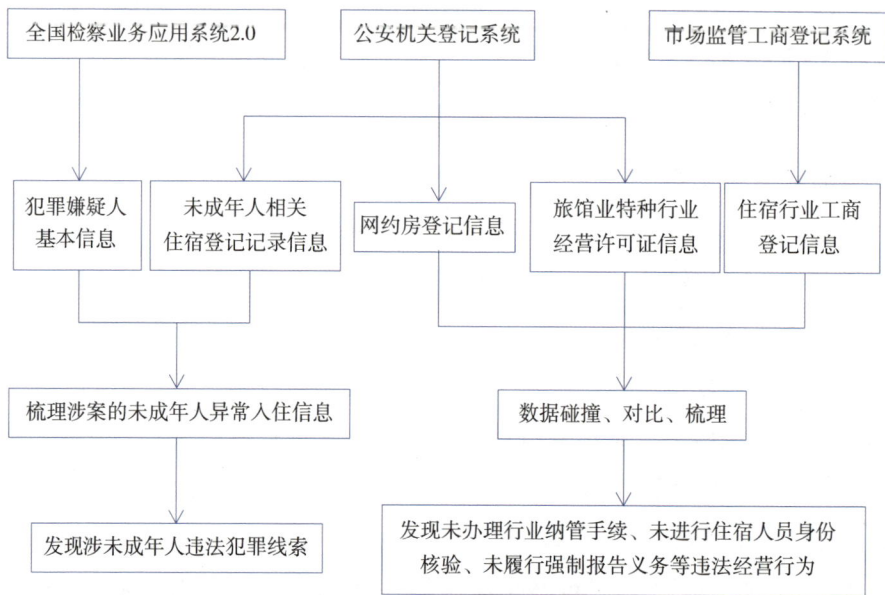

▐▌▌ 检察融合监督

临平区院从市场监管、公安机关等职能部门调取涉"网约房"业态数据共计 2.5 万余条，导入涉"网约房"数字监督模型，系统自动分析出 140 余条异常线索。

刑事检察监督

针对其中 30 余条刑事监督线索，通过询问证人，层层深挖，立案监督容留未成年人吸毒案件 3 件，向公安机关移送涉未违法犯罪线索 8 条。

行政检察监督

对于摸排出的 100 家未纳入行业管理系统"网约房"，制发检察建议要求相关部门核查经营登记状况，并加强日常监管。公安机关已将上述未纳管"网约房"均纳入监管系统，并运用大数据开展全面巡查，有效预防"脱管""漏管"现象。

民事检察监督

为在打击犯罪同时保护未成年被害人合法权益，临平区院以司法救助、支持起诉、法律咨询等检察履职方式为两起案件中的未成年被害人提供了民事权益保障。

公益诉讼检察监督

对涉未公益诉讼线索进行分析研判和调查取证，固定"网约房"容纳大量未成年人入住不登记，且提供无限制上网服务的证据，进而通过两起行政公益诉讼案件的办理，督促整改。

📊 社会治理成效

临平区院以数字融合式监督推动涉未成年人"网约房"业态治理，督促不规范经营主体停业补办纳管手续、落实未成年人保护相关法律规定，同时联合公安、市场监管、文旅等相关职能部门创建"网约房"业态治理多跨应用场景，督促辖区内经营者签署行业自治公约。

临平区院认真总结实战经验，通过微课录制、现场讲述、媒体报道等方式，向全省乃至全国推广"临平治理路径"，以求实现"一域突破，全域共享"。浙江省人民检察院以临平区院"网约房"业态融合监督履职工作为起点，启动"不适宜进入场所治理"未成年人保护专项行动。杭州市人民检察院在全市范围内大力推进"网约房"业态监督治理。截至 2023 年 5 月，全市共有 5 个基层院运用"网约房"数字模型监督成案 15 件。《人民日报》《检察日报》《中国妇女报》等多家国家级媒体对临平区院相关工作进行了宣传报道。黑龙江、山东、辽宁等地通过媒体了解"临平经验"，并以网络连线的方式学习相关工作做法。

📊 办案指引

随着互联网经济不断发展壮大，装修新颖、价格较低、网络预定、入住方便外加"电竞"元素的新兴住宿业态越来越受到年轻人的青睐。但是，法律法规不完善、监管履职不到位、经营管理不规范等粗放型发展模式下的诸多问题，让新业态客观上给未成年人健康成长带来了隐患和威胁。

（一）如何在办案中发现新兴住宿业态监管缺位问题

临平区院在办理张某某贩卖毒品案件时发现，辖区内某网约房存在未纳入行业管理系统，未办理住宿业特种行业经营许可，接纳未成年人入住不登记、不询问、不报告以及容纳青少年吸毒等问题，为涉未成年人违法犯罪滋生提供了空间。同时也关注到部分网约房内配置电竞类电脑，可能成为未成年人网络保护的盲区。通过进一步走访调查，发现这类网约房存在经营许可不全、内部管理不当、外部监管不力等问题，接纳未成年人无限制上网，导致刑事、治安案件多发，有待监管部门规范电竞网约房业态的发展，保护未成年人健康成长。

（二）如何运用数字化手段提升涉未成年人检察监督质效

临平区院聚焦涉未"网约房"业态失范问题，一方面，积极做好数据整合，用足用好内部数据，从全国检察业务应用系统 2.0 中提取犯罪嫌疑人基本信息，合理使用外部数据；从公安机关登记系统中提取未成年人相关住宿登记记录、网约房登记信息、旅馆业特种行业经营许可信息、未成年人住宿登记信息；从市场监管工商登记系统中提取住宿行业工商登记信息。另一方面，深度运用相关数据，挖掘成案线索，通过比对、碰撞住宿业工商登记信息、网约房登记信息、特种行业登记信息等数据，梳理出网约房经营主体未办理行业纳管手续、未进行住宿人员身份核验、未履行强制报告义务等违法经营行为，并依据侵害未成年人案件的特点和办案经验，整理出未成年人入住异常标签，依托未成年人住宿记录，运用大数据碰撞、分析加人工审核的方式，梳理出涉未成年人异常入住线索，经过进一步比对和运用，同步推进涉未刑事、民事、行政、公益诉讼检察监督履职。

（三）如何统筹"四大检察"职能开展融合式监督

临平区院立足未成年人检察业务集中统一办理模式，用全用尽四大检察职能，利用数字化手段发掘出的案件线索，协同开展融合式监督。刑事检察履职中，立案监督容留未成年人吸毒案件，移送侵害未成年人违法犯罪线索，有力打击了涉未违法犯罪行为；行政检察履职中，向相关部门制发检察建议，督促涉嫌违法犯罪的网约房经营主体停止经营、应纳而未纳的网约房经营主体补齐纳管手续；民事检察履职中，办理涉未成年人"网约房"民事支持起诉案件，针对当事人的司法诉求，提供司法帮助；公益诉讼检察履职中，向相关部门制发诉前检察建议，强化"网约房"业态监管，维护涉未公共利益。临平区院通过开展未检融合式监督，促推"六大保护"，提升社会综合治理水平。联合多部门创建多跨应用场景，创建常态化管理机制，助推社会治理体系和治理能力现代化。

数字赋能监督，监督促进治理。新业态的发展对检察机关参与社会治理的能力提出了新要求，数字检察作为检察监督领域的一场深刻变革，是检察机关应对新时代挑战、把握社会治理先机的监督"利器"。面对新业态带来的风险挑战，检察机关运用数字化手段，开展融合式监督，促进新业态良性发展，以检察工作现代化服务中国式现代化。

法律法规依据

1.《中华人民共和国未成年人保护法》第五十七条　旅馆、宾馆、酒店等住宿经营者接待未成年人入住，或者接待未成年人和成年人共同入住时，应当询问父母或者其他监护人的联系方式、入住人员的身份关系等有关情况；发现有违法犯罪嫌疑的，应当立即向公安机关报告，并及时联系未成年人的父母或者其他监护人。

第一百条　公安机关、人民检察院、人民法院和司法行政部门应当依法履行职责，保障未成年人合法权益。

第一百零四条　对需要法律援助或者司法救助的未成年人，法律援助机构或者公安机关、人民检察院、人民法院和司法行政部门应当给予帮助，依法为其提供法律援助或者司法救助。

法律援助机构应当指派熟悉未成年人身心特点的律师为未成年人提供法律援助服务。

法律援助机构和律师协会应当对办理未成年人法律援助案件的律师进行指导和培训。

第一百零六条　未成年人合法权益受到侵犯，相关组织和个人未代为提起诉讼的，人民检察院可以督促、支持其提起诉讼；涉及公共利益的，人民检察院有权提起公益诉讼。

2.《中华人民共和国刑事诉讼法》第一百一十三条　人民检察院认为公安机关对应当立案侦查的案件而不立案侦查的，或者被害人认为公安机关对应当立案侦查的案件而不立案侦查，向人民检察院提出的，人民检察院应当要求公安机关说明不立案的理由。人民检察院认为公安机关不立案理由不能成立的，应当通知公安机关立案，公安机关接到通知后应当立案。

3.《中华人民共和国行政诉讼法》第二十五条　行政行为的相对人以及其他与行政行为有利害关系的公民、法人或者其他组织，有权提起诉讼。

有权提起诉讼的公民死亡，其近亲属可以提起诉讼。

有权提起诉讼的法人或者其他组织终止，承受其权利的法人或者其他组织可以提起诉讼。

人民检察院在履行职责中发现生态环境和资源保护、食品药品安全、国有财产保护、国有土地使用权出让等领域负有监督管理职责的行政机关违法行使职权或者不作为，致使国家利益或者社会公共利益受到侵害的，应当向行政机关提出检察建议，督促其依法履行职责。行政机关不依法履行职责的，人民检察院依法向人民法院提起诉讼。

4.《中华人民共和国民事诉讼法》第十五条　机关、社会团体、企业事业单位对损害国家、集体或者个人民事权益的行为，可以支持受损害的单位或者个人向人民法院起诉。

案件承办人：

高　翔　柏　君（杭州市临平区人民检察院）

案例撰写人：

柏　君　邓兆锦（杭州市临平区人民检察院）

责任编辑：

马天歌（建德市人民检察院）

未成年人住宿登记融合监督

杭州市临安区人民检察院

临安区检察院检察官办案组提炼优化办案思维导图，构建"智睛"未成年人住宿登记融合监督模型

关键词

未成年人　住宿业　违法犯罪隐蔽场所　行业治理

要旨

经营性住宿场所基数大、分布广泛。部分场所未严格落实未成年人入住登记的相关规定，成为未成年人沉迷网络、参与犯罪与遭受侵害的隐蔽场所。检察机关依法能动履职，搭建"智睛"未成年人住宿登记融合监督模型，深挖住宿业未履行查验登记义务、违规提供上网服务和未成年人受性侵害等"四大检察"监督线索，建立健全惩治犯罪、教育矫治、维护权益、预防犯罪一体化履职体系，携手各方力量，共同为未成年人安全健康成长营造良好环境。

基本情况

根据未成年人保护法及"公安部'五必须'要求"，住宿经营者在接待未成年人入住时应当履行询问、如实登记和强制报告等义务。然实践中，住宿经营者及其工作人员执行规定不尽严格，或未尽查验登记义务，或发现异常情形不报告，甚至为未成年人伪造住宿信息，从而允许其入住，导致旅馆、网约房、电竞酒店等住宿场所为未成年人权益受侵害、违法犯罪、沉迷网络等行为提供了便利，已发生大量行政、刑事案件，亟待进行治理。但经营性住宿场所数量庞大，发生的涉未成年人刑事案件情况复杂，传统监督方式难以全面覆盖。杭州市临安区人民检察院（以下简称"临安区院"）从个案切入，梳理类案监督规则，调取相关数据，搭建未成年人住宿登记融合监督模型，以未成年人住宿登记信息为纽带，同步构筑涉未检察监督多跨应用场景，一键获取"四大检察"监督线索。以刑事立案监督、行政、公益诉讼检察建议书、民事督促监护令等方式融合式开展涉未法律监督工作，并会同相关部门签订常态化协作工作机制，合力促推行业规范经营，全面守护未成年人健康成长。

个案线索发现

2022 年 8 月，临安区院在办理李某某强奸案中发现，李某某（23 周岁）与被害人陈某（13 周岁）在临安某酒店开房，该酒店明知陈某年仅 13 周岁，与异性开房需严格落实"五必须"要求，仍然隐瞒陈某的入住情况，伪造住宿信息，用一名前一天入住客人（成年男性）的身份信息替代陈某与李某办理了共同入住，其间发生强奸案件。后李某某又带陈某辗转多家酒店多次发生性关系，而案涉酒店均未履行相关义务。

临安区院经梳理发现此类情况并非个案，在犯罪场所为旅馆、电竞酒店、网约房等涉未成年人刑事案件中，住宿业经营者均存在类似违法情形。有必要通过数字检察手段开展住宿行业专项治理监督，有效预防不法侵害发生。

数据分析方法

数据来源

1. 住宿业未成年人入住登记信息、行政处罚数据、接处警数据（源于公安机关）；

2. 涉未刑事案件中犯罪嫌疑人、被害人、证人身份信息（源于全国检察业务应用系统 2.0）。

数据分析关键词

检察机关办理的涉未成年人刑事案件（包括未成年人犯罪及未成年人受侵害两类案件），以"旅馆""酒店""公寓"等为关键词，获取发生在住宿业场所的案件数据。以未成年人住宿登记信息为切口，通过"电竞酒店""未满 14 周岁与异性同住"等条件筛查，与刑事案件数据、行政处罚数据、接处警数据等碰撞，最后通过人工调查核实，确定涉未成年人"四大检察"监督线索。

数据分析步骤

第一部分，住宿业违法经营监督场景：

第一步：提取要素，初步梳理。在全国检察业务应用系统2.0内提取发生在住宿行业场地内（如旅馆、酒店、网约房、电竞酒店等）的涉未成年人刑事案件信息（涉及人员身份信息、发生时间等）。

第二步：数据碰撞，发现线索。将第一步的数据与未成年人入住登记信息进行碰撞，获得住宿场所内已发生刑事案件但住宿经营者未履行接待未成年人入住相关义务的旅馆、网约房、电竞酒店信息。

第三步：数据碰撞，确定异常。将第二步的数据与行政处罚信息碰撞，即可得到存在违法经营情况且未被行政处罚的旅馆、电竞酒店等名单库。

第四步：调查核实，证据固定。通过询问证人、联合公安机关开展现场排查等手段调查核实，固定证据，对于核实情况，可开展行政、公益诉讼检察监督履职。

第二部分，电竞酒店违规接纳未成年人无限制上网监督场景：

第一步：提取要素，数据碰撞。在未成年人入住登记数据中以"电竞"为关键词进行筛选，获取电竞酒店接纳未成年人入住信息。

第二步：数据筛查，确定异常。通过"同住人员数量多""高频住宿""通宵住宿"等未成年人入住异常标签，检索未成年人住宿记录，得到接纳大量未成年人无限制上网、通宵上网的电竞酒店数据及高频入住电竞酒店的未成年人数据。

第三步：调查核实，证据固定。通过询问证人、联合公安机关开展现场排查等手段调查核实，固定证据。

第四步：分级处理，融合监督。对于违规经营的电竞酒店可根据违法性、普遍性、覆盖性等分析，分级处理，开展行政或公益诉讼检察监督履职，对于高频入住电竞酒店、已沉迷网络的未成年人通过向监护人制发督促监护令的方式开展民事监督。

第三部分，性侵害未成年人监督场景：

第一步：提取要素，数据筛查。从未成年人入住登记数据中筛查出未满14周岁女性与异性同住登记信息。

第二步：数据筛查，监护介入。通过"与异性多次入住""深夜入住""入住时间和退房时间间隔很短"等未成年人入住异常标签，从第一步的数据中筛查出高频与异性住宿的幼女，监护介入开展民事检察监督。

第三步：提取要素，数据碰撞。将第一步所得数据与公安机关处调取的行政处罚信息、接处警记录、全国检察业务应用系统2.0内犯罪嫌疑人、被害人信息进行碰撞，得到高危犯罪分子与未满14周岁女性住宿信息。

第四步：调查核实，证据固定。通过询问证人等手段调查核实，固定证据，对于核实情况，可开展刑事立案监督。

第四部分，未成年人卖淫监督场景：

第一步：提取要素，数据筛查。从涉未成年人刑事案件中提取"未成年卖淫女"的信息数据。

第二步：数据碰撞，确定异常。将第一步所得数据与未成年人入住信息进行碰撞，得到未成年卖淫女与异性住宿登记信息数据。

第三步：数据筛查，调查核实。对第二步所得数据进行筛查，可得高频接纳未成年卖淫女与异性住宿的酒店、网约房等信息，通过调查核实，可刑事立案监督。

第四步：数据碰撞，调查核实。对第二步所得数据与行政处罚数据进行碰撞，可得涉嫌卖淫嫖娼但尚未被行政处罚的信息，通过调查核实，可开展行政检察监督。

思维导图

住宿行业场所内发生涉未刑事案件数据

未成年人住宿登记数据

未成年卖淫女数据

接纳未成年人住宿未履行如实登记等相关义务的旅馆、网约房、电竞酒店

电竞酒店未成年人信息

未满 14 周岁女性与异性住宿登记信息

未成年卖淫女与异性住宿登记信息

涉未卖淫嫖娼线索

行政处罚数据

违规接纳未成年人无限制上网、通宵上网的电竞酒店

高频与异性住宿的幼女

行政处罚数据、接处警数据、刑事案件数据

存在违法经营行为又未被行政处罚的旅馆、电竞酒店等

高频入住电竞酒店、沉迷网络的未成年人

高危犯罪分子与未满 14 周岁女性住宿信息

行政、公益诉讼检察监督履职

民事检察监督履职

刑事检察监督履职

行政、刑事检察监督履职

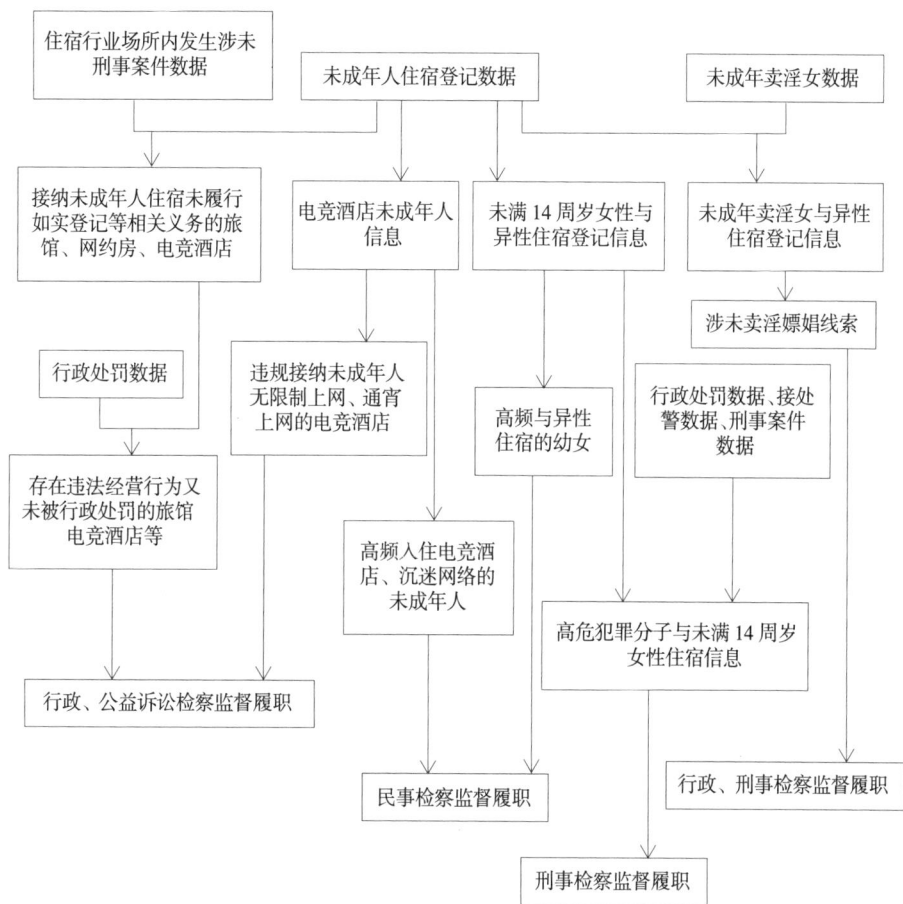

📊 检察融合监督

刑事检察：依法立案监督，打击涉未犯罪

临安区院筛查出 194 条未满 14 周岁女性与异性同住信息，通过与行政处罚信息、全国检察业务应用系统 2.0 内犯罪嫌疑人、被害人等信息进行碰撞、对比、梳理，排查出 30 余条异常线索。截至 2023 年 5 月，已依法立案监督 3 起强奸案件，其中 1 件已被判处 5 年以上有期徒刑，移送起诉 1 件，批准逮捕 1 件。

行政检察：督促行政处罚，实现类案监督

通过该模型的应用，临安区院进一步排查 80 余条未成年卖淫女与异性住宿可疑线索，对 13 名嫖宿未成年卖淫女的嫖客经通知到案接受调查后超过 3 个月未被行政处罚的情况，进行督促监督。

民事检察：加强双向保护，督促家庭教育

通过多跨应用场景下线索梳理，发现高频入住网约房、电竞酒店、长期夜不归宿、沉迷网络的涉罪未成年人，还有多次与异性入住酒店发生性关系的性侵案件未成年被害人。针对上述两类未成年人的监护人，依法履行民事检察监督职责，制发 18 件督促监护令，开展强制家庭教育指导；对未成年人开展心理辅导、制定心理矫治方案，帮助家庭重归正常生活。

公益诉讼检察：守护公共利益，推进行业治理

临安区院发现大量旅馆、网约房、电竞酒店等在接纳未成年人入住时未严格落实登记、询问以及强制报告义务等，致使未成年人合法权益受到侵害。针对上述住宿业经营者的违规行为，临安区院依法启动电竞酒店、网约房、旅馆业三类行政公益诉讼案件程序，现已得到有效整改回复。

📊 社会治理成效

案件办理后，针对"网约房""电竞酒店"两类新兴业态存在的监管漏洞，临安区院依法向职能部门提出检察建议。后协同公安机关、文化和广电旅游体育局开展行业整治，会签《关于联合开展"网约房""电竞酒店"业态专项治理行动的工作纪要》，通过联合执法、督促整改、加强从业人员职业培训、调整相应经营管理技术等，实现住宿行业"办理一案，治理一片，规范一类"。

📊 办案指引

（一）惩防并举实现诉源治理，压实行业整治工作

检察机关深入剖析个案，发现住宿业从业人员不履行询问、如实登记等义务，为涉未成年人犯罪提供隐蔽场所这一社会治理难点、痛点。通过建立数字模型，提升监督质效。协同行政机关共建长效机制，以联合执法、双向保护、行业普法等方式，压实住宿业经营者责任，落实法律法规对接待未成年人入住的有关规定。深入推进住宿业行业整治，从源头保护未成年人合法权益。

（二）多跨协同推动融合监督，深化综合司法保护

临安区院充分发挥未成年人检察业务集中办理的优势，能动履职，以刑事立案监督打击侵害未成年人犯罪，以民事督促监护令、强制家庭教育指导等方式介入需监管的未成年人及其家庭，以行政检察建议类案监督涉未卖淫案件，以行政公益诉讼协同公安、文旅等行政机关共同履职、建立长效机制，推动"网约房""电竞酒店"各业态专项治理，充分运用"四大检察"融合监督手段，全方位保障未成年人合法权益。

（三）优化模型促进实践应用，探索全域推广共享

临安区院以未成年人住宿登记为切入点，通过地方先行、总结经验、优化提升，实现对住宿行业的类案治理。"智睛"模型具有数据易获取、监督点涵盖"四大检察"业务、数字碰撞结果成案率高等优点，为后续全市、全省推广提供便利。临安区院还通过书面材料、口头汇报、现场交流、建模大赛等形式不断突破地域限制，最大范围推广地方经验做法，努力实现"一域突破，全域共享"目标。

📊 法律法规依据

1.《中华人民共和国刑法》第二百三十六条　以暴力、胁迫或者其他手段强奸妇女的，处三年以上十年以下有期徒刑

奸淫不满十四周岁的幼女的，以强奸论，从重处罚。

强奸妇女、奸淫幼女，有下列情形之一的，处十年以上有期徒刑、无期徒刑或者死刑：

（一）强奸妇女、奸淫幼女情节恶劣的；

（二）强奸妇女、奸淫幼女多人的；

（三）在公共场所当众强奸妇女、奸淫幼女的；

（四）二人以上轮奸的；

（五）奸淫不满十周岁的幼女或者造成幼女伤害的；

（六）致使被害人重伤、死亡或者造成其他严重后果的。

2.《中华人民共和国未成年人保护法》第五十七条　旅馆、宾馆、酒店等住宿经营者接待未成年人入住，或者接待未成年人和成年人共同入住时，应当询问父母或者其他监护人的联系方式、入住人员的身份关系等有关情况；发现有违法犯罪嫌疑的，应当立即向公安机关报告，并及时联系未成年人的父母或者其他监护人。

3.《中华人民共和国治安管理处罚法》第五十六条第一款　旅馆业的工作人员对住宿的旅客不按规定登记姓名、身份证件种类和号码的，或者明知住宿的旅客将危险物质带入旅馆，不予制止的，处二百元以上五百元以下罚款。

4.《旅馆业治安管理办法》第六条第一款　旅馆接待旅客住宿必须登记。登记时，应当查验旅客的身份证件，按规定的项目如实登记。

5.公安部对旅馆经营者接待未成年人入住提出的"五必须"

旅馆经营者接待未成年人入住，必须查验未成年人身份，并如实登

记报送相关信息；必须询问未成年人父母或者其他监护人的联系方式，并记录备查；必须询问同住人员身份关系等情况，并记录备查；必须加强安全巡查和访客管理，预防针对未成年人的不法侵害；必须立即向公安机关报告可疑情况，并及时联系未成年人的父母或其他监护人，同时采用相应安全保护措施。

案件承办人：

李　军　陈　卉（杭州市临安区人民检察院）

案例撰写人：

陈　卉（杭州市临安区人民检察院）

责任编辑：

马天歌（建德市人民检察院）

诉讼主体不适格类案监督

杭州市上城区人民检察院　杭州市拱墅区人民检察院

拱墅区检察院诉讼主体不适格大数据法律监督模型专班对模型校准及产出案件
线索进行讨论

关键词

诉讼主体不适格　恶意注销　执行空转　营商环境

要旨

司法实践中，部分生效裁判中的当事人在立案前或诉讼中死亡，仍被判决承担民事责任；部分涉诉公司在诉讼过程中恶意注销并隐瞒注销事实继续参与诉讼活动，导致生效裁判无法执行。对此，检察机关积极运用数字化监督思维，以数字赋能监督破解诉讼主体不适格案件困境和执行空转难题，并以点拓面打造法治化营商环境共护数字化治理场景。

基本情况

依法打击不诚信诉讼的行为既是对其他诉讼当事人权益的保障，也是提升法治化营商环境的有力举措。杭州市上城区人民检察院（以下简称"上城区院"）、杭州市拱墅区人民检察院（以下简称"拱墅区院"）在办案中发现诉讼主体于诉讼中死亡或注销，生效裁判无法执行或诉讼主体逃避执行的线索，进而对该类线索开展分析研判。在归纳民事诉讼、行政登记程序要素、文本要素特征的基础上，充分运用浙江省人民检察院数据应用平台、浙江裁判文书检索系统，应用数据分析方法有效拓展近三年诉讼主体不适格案件监督线索。通过数字化引领民事检察穿透式监督的办案新模式，向法院发出再审检察建议 7 件，审判、执行违法检察建议 2 件。坚持"四检一体"职能贯通，开展全方位、深层次监督。联动相关职能部门协同履职，有效凝聚司法诚信体系建设各方合力。助力推动诉讼诚信、行业监管、信用惩戒，破局执行难题，促进诉源治理，助力打造最优法治化营商环境。

📊 个案线索发现

2022 年 2 月，拱墅区院在开展民事生效裁判监督线索常规筛查过程中发现，杭州某汽车服务有限公司在一起买卖合同纠纷案审理期间，其法定代表人张某某申请注销公司并被核准。后张某某在应诉过程中未将上述情况如实告知人民法院，仍以前述身份参与该案调解并签署调解书。由于民事调解书确认的义务履行主体已不存在，该案的另一方当事人孟某某无法通过强制执行程序维护自己的合法权益。拱墅区院就张某某在民事诉讼中违反诚实信用原则的问题，向法院提出审判程序监督检察建议，法院已采纳并回函。拱墅区院认为该类案件并非个案，存在进一步监督的空间。

同年，上城区院在办理民事终本案件执行监督过程中发现，被执行人包某某于判决前已死亡。在向法院制发再审检察建议纠正该错误判决后，检察机关从法院进一步得知，核实诉讼主体是否不适格是法院一直以来的难点和痛点，该领域可能存在大量监督线索，但是传统筛查方式耗时费力、成效不佳，有必要通过数字检察模型开展类案监督。

📊 数据分析方法

数据来源

1. 自然人死亡信息（源于民政局）；

2. 公司注销登记信息（源于市场监督管理局）；

3. 民事生效裁判文书、执行文书（源于浙江裁判文书检索系统、中国执行信息公开网）；

4. 相关诉讼主体的社保账户变动信息（源于人力资源和社会保障局）；

5. 相关诉讼主体的注销登记材料（源于市场监督管理局）。

数据分析关键词

自然人民事被告死亡日期、公司法人注销日期早于民事判决文书判决日期、执行日期的案件，即为诉讼主体不适格目标案件。需要截取的数据关键词为"民事判决日期""执行文书日期""自然人死亡日期""公司注销登记日期"。

数据分析步骤

1. 自然人诉讼主体不适格

第一步：向民政部门调取死亡人员信息表，包括姓名、身份证号、死亡证明时间、户口注销时间。

第二步：通过浙江裁判文书检索系统采集近三年的生效民事判决文书。对每份生效民事裁判文书进行结构化处理，提取案号案由、原告及被告人姓名、身份证号码等身份信息，裁判结果如判决、调解结案、驳回起诉、驳回诉讼请求、撤回诉讼请求，利用算法剔除裁判结果为驳回起诉、驳回诉讼请求、撤回诉讼请求的案件，形成生效判决信息表。

第三步：将死亡人员信息表涉自然人的身份信息与生效判决信息表的原告、被告身份进行匹配，生成死亡人员涉及诉讼信息表。

第四步：在死亡人员涉及诉讼信息表中，筛选出死亡时间早于立案、判决要素中任一时间点的自然人诉讼主体不适格案件线索列表。

第五步：对筛查出的自然人诉讼主体不适格案件线索列表进行人工二次分析研判，对数据筛出的线索人工核实是否符合民事监督标准，调取案卷材料、相关的死亡证明材料跟进处理。

第六步：将自然人诉讼主体不适格案件线索列表中的被告信息与人力资源和社会保障部门社保账户数据进行对比碰撞，找出该自然人的权利义务承受主体。

2. 法人诉讼主体不适格

第一步：向市场监督管理局调取注销公司信息表 A，包括公司名称、注销时间，法定代表人姓名、公民身份证号，清算报告、负责清理债权债务的文件或者清理债务完结的证明中关于债务申报的情况，注销登记程序是否为简易注销等。

第二步：通过浙江裁判文书检索系统、中国执行信息公开网采集近三年的生效民事判决文书、执行文书。对每份生效民事裁判文书、执行文书进行结构化处理，提取案号案由，原告及被告姓名、身份证号码等身份信息，裁判结果如判决、调解结案、驳回起诉、驳回诉讼请求、撤回诉讼请求，提取执行结果如执行终结、终结本次执行、撤回执行申请等，提取立案、判决、执行终结时间，形成结构化信息表 B。利用算法对信息表 B 进行数据筛选，剔除裁判结果为驳回起诉、驳回诉讼请求、撤回诉讼请求的案件或执行结果为撤回执行申请的案件，形成生效判决、执行信息表 C。

第三步：将信息表 A 中的公司名称、法定代表人身份信息与表 C 的原告、被告身份信息进行匹配，生成注销公司涉诉信息表 D。

第四步：对匹配成功的表 D，筛选出注销时间早于立案、判决、执行终结要素中任一时间点的诉讼主体不适格案件线索列表 E。

第五步：对筛查出的案件线索列表 E 进行人工二次分析研判，对数据筛出的线索人工核实是否符合民事检察监督标准，调取案卷材料、相关的注销登记材料跟进处理。

第六步：根据清算报告、负责清理债权债务的文件或者清理债务完结的证明中关于债务申报的情况对注销公司涉诉信息表 D 进行筛选，筛选出在注销登记中进行债务零申报的公司，生成在注销登记中进行虚假债务申报的公司线索表 F。

第七步：根据注销登记程序是否为简易注销的情况对注销公司涉诉信息表 D 进行筛选，筛选出在注销登记中采用简易注销程序的公司，生成在注销登记时进行违法简易注销的公司线索表 G。

第八步：结合工商登记材料对表 F、表 G 进行二次分析研判，对筛出的线索人工核实是否符合行政监督标准，并通过移送行政检察部门调取案卷材料、相关的注销登记材料跟进处理。

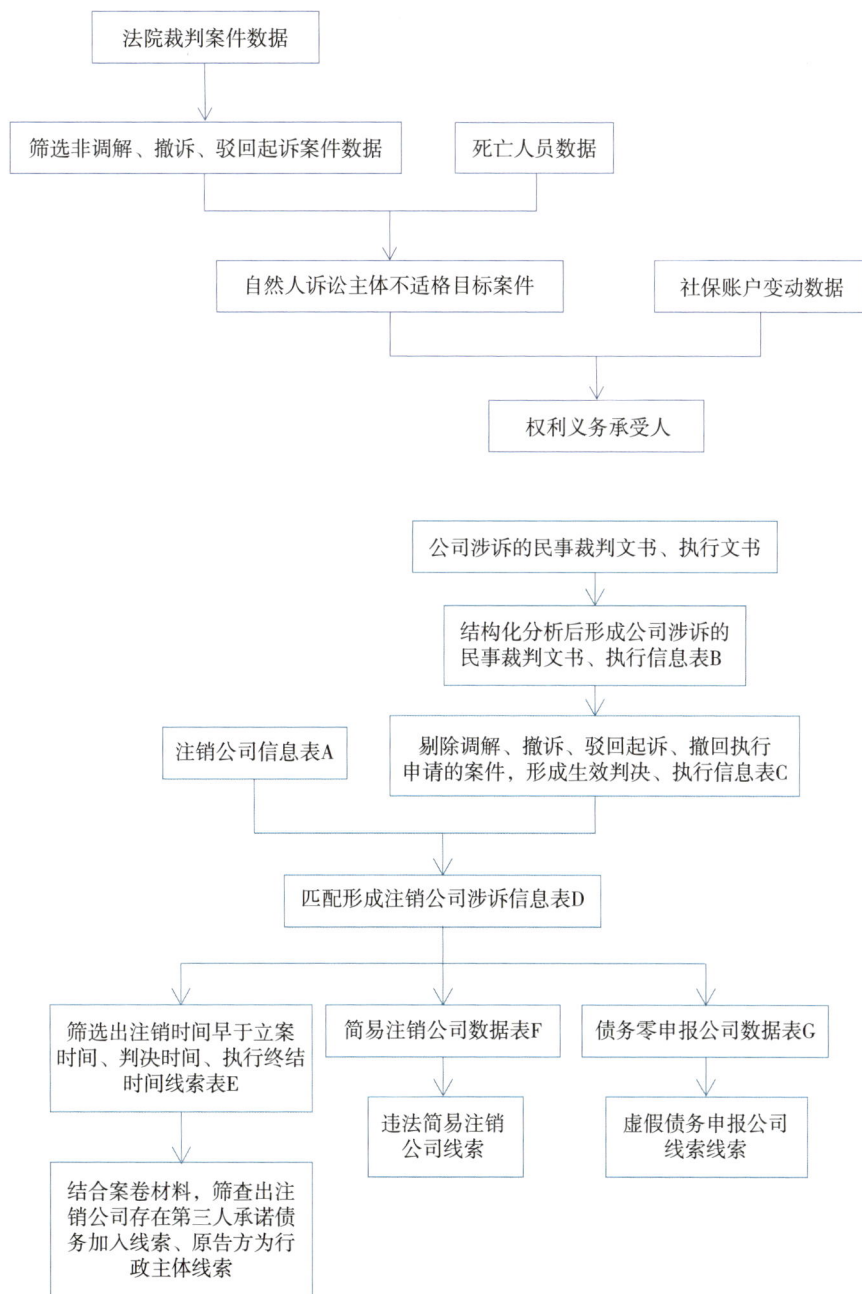

思维导图

```
            ┌─────────────────────┐
            │   法院裁判案件数据    │
            └─────────────────────┘
                      │
                      ▼
┌──────────────────────────────┐   ┌─────────────────┐
│ 筛选非调解、撤诉、驳回起诉案件数据 │   │   死亡人员数据   │
└──────────────────────────────┘   └─────────────────┘
                      │
                      ▼
        ┌───────────────────────────┐   ┌─────────────────┐
        │  自然人诉讼主体不适格目标案件  │   │  社保账户变动数据 │
        └───────────────────────────┘   └─────────────────┘
                      │
                      ▼
             ┌─────────────────┐
             │  权利义务承受人   │
             └─────────────────┘


        ┌──────────────────────────────┐
        │ 公司涉诉的民事裁判文书、执行文书  │
        └──────────────────────────────┘
                      │
                      ▼
        ┌──────────────────────────────┐
        │ 结构化分析后形成公司涉诉的       │
        │ 民事裁判文书、执行信息表B        │
        └──────────────────────────────┘
                      │
┌─────────────────┐  ┌──────────────────────────────┐
│  注销公司信息表A  │  │ 剔除调解、撤诉、驳回起诉、撤回执行 │
└─────────────────┘  │ 申请的案件，形成生效判决、执行信息表C │
                      └──────────────────────────────┘
                      │
                      ▼
        ┌──────────────────────────────┐
        │   匹配形成注销公司涉诉信息表D     │
        └──────────────────────────────┘
           │              │              │
           ▼              ▼              ▼
┌────────────────┐ ┌──────────────┐ ┌──────────────────┐
│筛选出注销时间早于立案│ │简易注销公司数据表F│ │债务零申报公司数据表G│
│时间、判决时间、执行终结│ └──────────────┘ └──────────────────┘
│时间线索表E       │       │                │
└────────────────┘       ▼                ▼
        │         ┌──────────────┐ ┌──────────────────┐
        ▼         │违法简易注销     │ │虚假债务申报公司     │
┌────────────────┐│公司线索       │ │线索线索           │
│结合案卷材料，筛查出注│└──────────────┘ └──────────────────┘
│销公司存在第三人承诺债│
│务加入线索、原告方为行│
│政主体线索       │
└────────────────┘
```

检察融合监督

民事检察监督

通过数字专项监督，有效挖掘诉讼主体不适格线索。截至 2023 年 5 月，上城区院针对自然人诉讼主体死亡问题向上城区人民法院发出再审检察建议 17 件，法院已采纳 6 件；拱墅区院针对公司法人诉讼主体注销问题向法院发出再审检察建议 6 件，审判、执行违法检察建议 2 件，均已被法院采纳。

行政检察监督

针对诉讼主体未如实向市场监督管理部门等申报债务或诉讼情况，以虚假的注销申请材料骗取注销登记的行为，开展行政检察监督，督促职能部门纠正该类违法行为。截至 2023 年 5 月，已向行政检察部门移送有效线索 8 条。通过民事检察和行政检察融合履职，防止诉讼过程中恶意注销公司逃避债务，规范市场主体的行政登记申请行为。

公益诉讼检察监督

对民事诉讼中原告一方系行政机关的案件，被告一方恶意注销导致案件无法得到有效执行，从而造成国有财产流失问题，可由公益诉讼检察部门督促相应的行政机关向人民法院申请变更、追加相关责任人（股东）为被执行人。民事检察部门已针对该情况向公益诉讼检察部门移送有效线索 1 条。

刑事检察监督

对于注销后的公司成为诉讼原告等诉讼异常情形，查清资金流水及相关证据，对其中可能涉及虚假诉讼的可由刑事检察部门开展立案监督，以"民事 + 刑事"检察合力，联动打击恶意利用注销逃避债务执行的犯罪行为。

ⅰⅰⅰ 社会治理成效

通过搭建多部门数据共享平台，横向打通民政部门死亡人员数据、市场监督管理部门企业注销数据、人民法院诉讼案件数据、人社部门社保账户数据，利用算法自动抓取诉讼主体不适格信息，推送给法院、市场监管局，形成诉讼主体不适格案件预防体系，从根源上防止该类案件的再次发生，避免司法资源的浪费。同时，检察机关将数据模型应用于贯通后的共享数据库，实现跨部门数据的日常智能监控，打造"数据自动更新、结果自主反馈、红区自动预警"的治理监督平台，以数字检察助力诉源治理。

依托全域数字法治监督平台，与法院、市场监督管理局等部门共建企业诚信诉讼机制，形成对不适格诉讼主体及关联人（如股东、董监高、合伙人）的大数据管理。通过"四大检察"融合监督办案过程中形成诉讼主体恶意注销"黑名单"，利用大数据库抓取关联案件并自动推送给市场监督管理、法院等部门，形成监管合力，全方位打击恶意注销、不诚信诉讼的违法行为，提升企业经营法治化水平，推进诚信诉讼体系建设。

ⅰⅰⅰ 办案指引

（一）聚焦监督"小切口"，做优数字赋能新路径

一方面，积极运用大数据办案思维和方法，锚定诉讼主体不适格这一"小切口"。搭建数字监督模型，拓展场景应用维度，深挖诉讼主体不适格线索背后可能存在的监管漏洞。通过抓取自然人死亡户籍注销和公司法人恶意注销程序特征、数据特征，开展数据碰撞、筛查，精准发现类案线索，实现从"数量驱动、个案为主、案卷审查"到"质量导向、类案为主、数据赋能"的监督模式转变。另一方面，强化系统观念，通过对法院诉讼主体不适格案件的深入监督，以发现的问

题为圆心，进一步延伸监督半径，联合法院、民政、市场监管等职能部门，共同搭建诉讼主体不适格案件预防体系，有效解决诉讼主体不适格暴露的系统治理问题，切实实现"个案办理—类案监督—社会治理"的监督路径迭代。

（二）聚焦监督"一体化"，做实协同履职新格局

在办理诉讼主体不适格类案监督的过程中，检察机关秉承一体化办案理念，坚持"四大检察"融合监督，打破部门、条线壁垒，建立内部协作机制，组建类案办理团队，流转有效线索9条。类案办理团队突出专业化建设，整合职能优势，形成办案监督合力，既从理论学习、案件要素解构、案件处置标准上进行统一，又在摸排案件线索、调查取证、审查研判、制发检察建议等方面统一行动。在此基础上，形成民事检察与行政检察、公益诉讼、刑事检察的融合监督格局，并进一步培塑穿透式监督能力，稳步提升监督的系统性和全面性。

（三）聚焦治理"后半程"，做优以案促治新篇章

在对诉讼主体不适格案件开展精准监督的同时，推动案件背后的执法司法、社会治理等深层次问题的解决。通过调研了解到，诉讼主体不适格问题也是部分企业在法律维权中容易遭遇的诉讼困境。在此基础上，重点针对诉讼主体死亡、注销导致生效裁判无法执行，进而影响另一方合法权益顺利实现的情况，推动将诉讼主体在诉讼过程中的死亡信息、注销行为纳入立案主体资格审查、注销登记审查。促进法院、市场监督管理部门、民政部门填补漏洞、优化流程，系统性打击隐瞒人员死亡信息、恶意注销等不诚信诉讼行为。最大限度提升法律监督效能，以点拓面助推执法司法规范化建设，助力构筑法治化营商环境，努力为经济社会高质量发展贡献更多法治力量。

📊 法律法规依据

1.《中华人民共和国民法典》第十三条 自然人从出生时起到死亡

时止，具有民事权利能力，依法享有民事权利，承担民事义务。

第五十九条　法人的民事权利能力和民事行为能力，从法人成立时产生，到法人终止时消灭。

2.《中华人民共和国民事诉讼法》第十三条第一款　民事诉讼应当遵循诚实信用原则。

第一百二十二条第二项　起诉必须符合下列条件：

（二）有明确的被告。

第一百五十三条第一款第一项　有下列情形之一的，中止诉讼：

（一）一方当事人死亡，需要等待继承人表明是否参加诉讼的。

第一百五十四条第二项　有下列情形之一的，终结诉讼：

（二）被告死亡，没有遗产，也没有应当承担义务的人的。

3.《最高人民法院关于适用〈中华人民共和国民事诉讼法〉的解释》第二百零八条　立案后发现不符合起诉条件或者属于民事诉讼法第一百二十七条规定情形的，裁定驳回起诉。

4.《最高人民法院关于适用〈中华人民共和国公司法若干问题的规定（二）〉》第十九条　有限责任公司的股东、股份有限公司的董事和控股股东，以及公司的实际控制人在公司解散后，恶意处置公司财产给债权人造成损失，或者未经依法清算，以虚假的清算报告骗取公司登记机关办理法人注销登记，债权人主张其对公司债务承担相应赔偿责任的，人民法院应依法予以支持。虚假清算的股东、董事、实控人应承担赔偿责任。

5.《最高人民法院关于民事执行中变更、追加当事人若干问题的规定》第二十三条　作为被执行人的法人或非法人组织，未经依法清算即办理注销登记，在登记机关办理注销登记时，第三人书面承诺对被执行人的债务承担清偿责任，申请执行人申请变更、追加该第三人为被执行人，在承诺范围内承担清偿责任的，人民法院应予支持。

6.《中华人民共和国市场主体登记管理条例》第四十条第一款、第

三款 提交虚假材料或者采取其他欺诈手段隐瞒重要事实取得市场主体登记的，受虚假市场主体登记影响的自然人、法人和其他组织可以向登记机关提出撤销市场主体登记的申请。

因虚假市场主体登记被撤销的市场主体，其直接责任人自市场主体登记被撤销之日起 3 年内不得再次申请市场主体登记。登记机关应当通过国家企业信用信息公示系统予以公示。

第四十四条 提交虚假材料或者采取其他欺诈手段隐瞒重要事实取得市场主体登记的，由登记机关责令改正，没收违法所得，并处 5 万元以上 20 万元以下的罚款；情节严重的，处 20 万元以上 100 万元以下的罚款，吊销营业执照。

7.《中华人民共和国市场主体登记管理条例实施细则》第四十八条第三项 有下列情形之一的，市场主体不得申请办理简易注销登记：

（三）正在被立案调查或者采取行政强制措施，正在诉讼或者仲裁程序中的。

案件承办人：

施景新　王　鲁（杭州市上城区人民检察院）

陈荣土　陈　浩（杭州市拱墅区人民检察院）

案例撰写人：

王　鲁（杭州市上城区人民检察院）

陈　浩（杭州市拱墅区人民检察院）

责任编辑：

谢　凯（桐庐县人民检察院）

司法救助类案监督

杭州市滨江区人民检察院

检察官精准履职纾困解难，实地回访司法救助对象

关键词

司法救助　线索排摸　数据碰撞　线上办理

要旨

针对基层司法救助工作中潜在救助基数大、救助线索挖掘难、救扶衔接不充分等问题，检察机关依托浙江省大救助信息系统、公安机关执法办案综合运用系统和全国检察业务应用系统2.0，打通司法救助与社会救助各参与部门之间的数据壁垒，集成案源发现共享平台，搭建司法救助监督数字模型，实现救助线索由人工摸排向智能筛查，案件受理由个案申请向类案推送，救助开展由线下跑腿向线上办理"三个转变"，赋能司法救助案件高质效办理。

基本情况

当前开展司法救助工作的难点在于案件线索的筛查和获取，主要原因为：一是受害人对司法救助缺乏了解，主动申请救助的意识不强；二是部分受害人文化水平低、生活不便利等，申请救助存在困难；三是人工逐案筛查效率低、耗时长、覆盖面小，极易出现线索遗漏情况。杭州市滨江区人民检察院（以下简称"滨江区院"）与区公安分局、区民政局、区退役军人事务局联合协作，依托浙江省大救助信息系统、公安机关执法办案综合运用系统和全国检察业务应用系统2.0，整合司法办案、低保低边和其他困难群体信息数据，总结提炼司法救助对象特征要素规则，建构并运行司法救助数字模型，并据此高效开展救助工作，提高了司法救助线索摸排效率。截至2023年5月，滨江区院依托司法救助监督模型，对辖区内462条困难人员信息、6724条退役军人信息和45592条刑事案件信息、2162条信访信息进行数据碰撞比对，发现退役军人救助线索37条、残疾人救助线索 6 条、交通事故受害人救助线索 10 条，有效成案 46 件，实现数字赋能监督的良好效果。

个案线索发现

2021 年 10 月 12 日，滨江区院在摸排司法救助线索过程中，电话联系许某某故意伤害案的被害人吴某某时发现，由于相关单位之间数据不通，日常检察工作中发现司法救助线索的途径主要是从目前正在办理的案件中发现需要帮助的人员，新修订的《人民检察院开展国家司法救助工作细则》规定应当予以救助的无法侦破和已过追诉时效案件均不移送检察机关，检察工作中发现不了此类案件，人工排查会有忽略，导致救助有遗漏。滨江区院认为有必要搭建案源发现平台，有效梳理出难以发现的困难群众救助线索，弥补原有案源的不足，实施精准救助。

数据分析方法

数据来源

1.刑事案件被害人身份信息（源于浙江省公安机关执法办案综合应用系统）；

2.困难人员身份信息（源于浙江省大救助信息系统）；

3.信访人员身份信息（源于检察机关信访信息系统）；

4.退役军人身份信息（源于区退役军人事务局）；

5.残疾人身份信息（源于区残联）。

数据分析关键词

一是住所地在滨江区的困难人员身份信息、退役军人身份信息等；二是刑事案件被害人信息；三是检察机关信访人员信息；四是刑事案件犯罪嫌疑人信息及对应案件、信访人员对应案件。上述几类人员可能存在无法通过诉讼获得有效赔偿，生活面临急迫困难，应当予以司法救助。

数据分析步骤

第一步：由杭州市公安局滨江区分局在公安机关执法办案综合运用系统中筛选2016年以来刑事案件被害人的姓名、身份证号码、联系方式等字段。

第二步：由滨江区民政局在浙江省大救助信息系统中筛选出住所地在滨江区的困难人员姓名、身份证号码、联系方式；由滨江区退役军人事务局筛选出住所地在滨江区的退役军人身份信息。

第三步：将前两步数据进行碰撞，筛选得出2016年以来住所地在滨江区的刑事案件被害人同时又属困难人员、退役军人、残疾人、老年人、未成年人之一情形的名单。

第四步：由杭州市公安局滨江区分局根据第三步确定的人员名单得出对应的犯罪嫌疑人名单，继而确定对应案件。

第五步：在全国检察业务应用系统2.0中，对相关案件情况进行核查，以确定是否有开展司法救助工作的必要。

思维导图

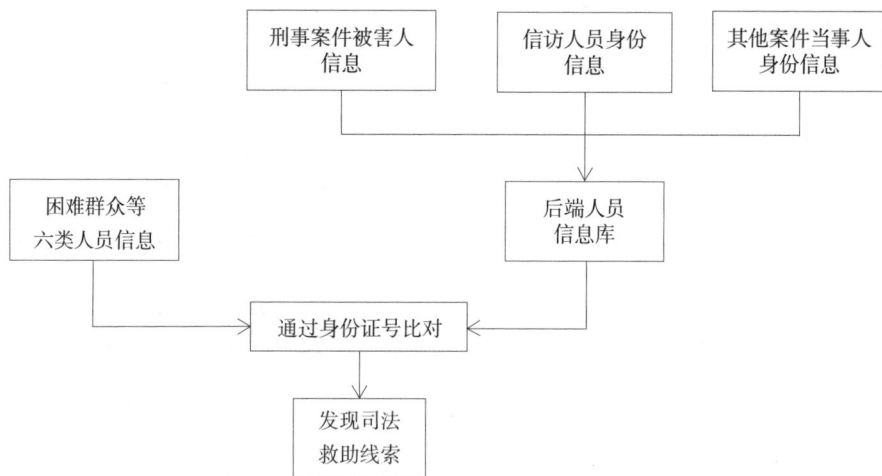

📊 社会治理成效

滨江区院通过司法救助监督模型，对辖区内困难人员、退役军人信息和刑事、信访数据进行碰撞比对，发现多条退役军人、残疾人、交通事故受害人救助线索，截至 2023 年 5 月，共发放救助金共计 69.2 万元，并将涉妇女救助案件信息及时共享给区妇联，帮助困难妇女渡过"燃眉之急"。

滨江区院积极开展司法救助行动，为因案致贫、因案致困的当事人提供"托底"保障，帮助困难群体战胜困难，从而化解社会矛盾，修复因刑事案件受到破坏的社会关系，传递司法温度，以高质量检察履职为建设共同富裕示范区贡献检察力量。2022 年，该案相关经验做法被最高人民检察院第十检察厅转发推广，该司法救助案例获评杭州市人民检察院服务保障共同富裕助力"两个先行"典型案事例。

📊 办案指引

滨江区院通过探索建立司法救助数字检察新模式，从"坐等案来"转变为"主动服务"，大大提高了救助效率和精准度，助力实现"应救尽救""应救即救"。回顾办案过程，主要有以下三点经验：

（一）数据共享，科技助力案源发掘

实务中，公检法的司法救助工作"各自为营"，司法救助与社会救助之间也是"各行其是"，困难群体信息不联通，救助情况不共享，基层司法救助工作的推进始终"欠火候"。特别是检察环节的司法救助，由于案源少、资金有限，一直存在"推不开""推不快"的问题。滨江区院探索救助领域数字化，聚焦退役军人、残疾人、未成年人等重点群体，从大数据中发现新思路，整合检察、公安、民政线上数字资源，打通司法救助与社会救助的数据壁垒，通过困难群众数据与涉法涉诉数据的对撞，高效、精准筛查司法救助线索，发现涉法涉诉案件中的困难当事人，搭建社会救助与司法救助可共享的案源发现平台，形成了"纵向

到底、横向到边"司法救助新格局。

(二)"司法＋社会",多元共助全面覆盖

司法救助是"一头牵着百姓疾苦,一头系着司法关爱"的民生工程,滨江区院以数字化改革为契机,打破司法救助职能壁垒,积极探索与社会救助衔接融合机制,针对未成年人、妇女、退役军人等特殊群体,加强与民政、妇联等部门的信息共享,探索发现救助线索,搭建更广泛的社会参与司法救助平台,最大限度凝聚社会力量。滨江区院通过数据碰撞、要素筛查、关联分析发现聋哑残疾人救助线索;为提高救助效率,采取远程视频会议沟通、邮寄申请材料、在线转账支付等线上办理方式,简化办理程序,缩短办案时间,立案至拨款平均不超过十个工作日,及时传递检察关爱。

(三)应救尽救,精准履职纾困解难

滨江区院本着"应救尽救"理念,利用搭建的案源现平台,通过困难群众数据与公安刑事案件数据进行比对,有效梳理出"无法侦破"和"已过时效"刑事案件中的困难群众,弥补原有案源发现中的不足。数字化救助线索发现模式,改变了以往数据掌握不全面、单向发现刑事案件被害人效率低等问题,以数据模型碰撞精准筛选符合条件的救助对象,让更多因案致贫的案件当事人通过司法救助纾解生活困难,从而化解潜在的社会矛盾,发挥司法救助"救急解困"作用。通过对比分析公安部门共享数据,发现多名退役军人为被害人的未侦破案件线索,联系符合条件的被害人予以救助,给生活困难的退役军人送去温暖,相关做法获最高人民检察院推广。

📊 法律法规依据

1.《人民检察院开展国家司法救助工作细则》第七条 救助申请人符合下列情形之一的,人民检察院应当予以救助:

(一)刑事案件被害人受到犯罪侵害致重伤或者严重残疾,因案件无法侦破、已过追诉时效、加害人死亡或者没有赔偿能力，造成生活困难的；

（二）刑事案件被害人受到犯罪侵害致人身伤害，急需救治，无力承担医疗救治费用的；

（三）刑事案件被害人受到犯罪侵害致死或者丧失劳动能力，依靠其收入为主要生活来源的近亲属或者其赡养、扶养、抚养的其他人，因案件无法侦破、已过追诉时效、加害人死亡或者没有赔偿能力，造成生活困难的；

（四）刑事案件被害人受到犯罪侵害，致使财产遭受重大损失，因案件无法侦破、已过追诉时效、加害人死亡或者没有赔偿能力，造成生活困难的；

（五）举报人、证人、鉴定人因向检察机关举报、作证或者接受检察机关委托进行司法鉴定而受到打击报复，致使人身受到伤害或者财产受到重大损失，造成生活困难的；

（六）因道路交通事故等民事侵权行为造成人身伤害，无法通过诉讼获得赔偿，造成生活困难的；

（七）人民检察院根据实际情况，认为需要救助的其他情形。

2.《浙江省司法救助实施办法》第九条 下列人员提出司法救助申请的，应当予以救助：

（一）刑事案件被害人受到犯罪侵害，致使重伤或严重伤残，因案件无法侦破造成生活困难的；或者因加害人死亡或没有赔偿能力，无法通过诉讼获得赔偿，造成生活困难的；

（二）刑事案件被害人受到犯罪侵害可能导致严重伤残或危及生命，急需救治，无力承担医疗救治费用的；

（三）刑事案件被害人受到犯罪侵害而死亡或严重伤残丧失劳动能力，因案件无法侦破造成近亲属生活困难的；或者因加害人死亡或没有赔偿能力，近亲属无法通过诉讼获得赔偿，造成生活困难的；

（四）刑事案件被害人受到犯罪侵害，致使财产遭受重大损失，因案件无法侦破造成生活困难的；或者因加害人死亡或者没有赔偿能力，无法通过诉讼获得赔偿，造成生活困难的；

（五）举报人、证人、鉴定人因举报、作证、鉴定受到打击报复，致使人身受到伤害或财产受到重大损失，无法经过诉讼获得赔偿，造成生活困难的；

（六）追索赡养费、扶养费、抚育费等，因被执行人没有履行能力，造成申请执行人生活困难的；

（七）道路交通事故等民事侵权行为造成人身伤害，无法通过诉讼获得赔偿，造成生活困难的；

（八）办案机关根据实际情况，认为需要救助的其他人员。

涉法涉诉信访人，其诉求具有一定的合理性，但通过法律途径难以解决且生活困难，愿意接受司法救助后息诉息访的，可以参照本办法执行。

案件承办人：

汤秋静（杭州市滨江区人民检察院）

案例撰写人：

汤秋静　庞颖琪（杭州市滨江区人民检察院）

责任编辑：

马天歌（建德市人民检察院）

附录 杭州市数字检察制度一览表

序号	文件名称	出台单位	文号
1	杭州市人民代表大会常务委员会关于推进数字检察加强新时代法律监督工作的决定	杭州市人大常委会	2022 年 11 月 2 日出台
2	关于推进数字检察工作的实施意见		
3	杭州市检察机关开展"护薪惠民"农民工工资支付管理数字监督专项行动的实施方案	杭州市人民检察院	杭检发办字〔2022〕135 号
4	关于建立杭州市法治营商环境共护数字化场景协作机制的意见（试行）	杭州市人民检察院	杭检发办字〔2022〕113 号
5	杭州市检察机关开展"一件事"牵起治理一条链数字监督集中专项行动工作方案	杭州市人民检察院	杭检发办字〔2022〕35 号
6	强化检察侦诉协同提升法律监督质效实施意见（试行）	杭州市人民检察院	杭检发办字〔2021〕69 号
7	关于进一步加大和规范应用"非羁码"监管措施的意见	杭州市人民检察院	杭检发办字〔2021〕33 号
8	关于建立杭州市特定行业准入数字化场景协作机制的意见	杭州市人民检察院	杭检发办字〔2022〕128 号

续表

序号	文件名称	出台单位	文号
9	上城区人民检察院刑事案件数字化归档实施细则（试行）	上城区人民检察院	上检发〔2021〕7号
10	上城区人民检察院刑事案件检察数字卷宗协同移送管理办法（试行）	上城区人民检察院	上检发〔2021〕8号
11	关于加强行政非诉领域执法司法协作配合的意见	拱墅区委政法委	拱政法〔2022〕号
12	关于建立拱墅区综合治理虚假注册公司共同守护法治营商环境工作机制的意见	拱墅区委政法委	拱政法〔2022〕3号
13	杭州市西湖区人民检察院数字检察融合办案工作机制	西湖区人民检察院	杭西检发〔2022〕30号
14	关于建立西湖区刑事下行案件监督数字化场景和办案协作机制的意见	西湖区人民检察院	杭西检会〔2022〕12号
15	关于建立杭州市萧山区刑事下行案件监督数字化场景协作机制的意见（试行）	萧山区人民检察院	杭萧检发办字〔2022〕36号
16	杭州市萧山区人民检察院、杭州市公安局萧山区分局、杭州市萧山区人力资源和社会保障局关于骗取社会保险基金涉嫌刑事犯罪案件移送数字化衔接 实施办法	萧山区人民检察院	杭萧检发办字〔2021〕20号
17	杭州市萧山区人民检察院、杭州市萧山区司法局关于完善刑事案件"检调对接"机制的实施意见（试行）	萧山区人民检察院	杭萧检发办字〔2022〕1号
18	关于建立工程建设招投标领域违法违规行为联动协作机制的工作意见	钱塘区人民检察院	杭钱检发〔2022〕31号
19	关于建立杭州市富阳区公益诉讼"数智护水"监督场景协作机制的意见（试行）	富阳区人民检察院	富检发〔2022〕34号

序号	文件名称	出台单位	文号
20	关于建立杭州市富阳区"数智治渣"融合监督场景协作机制的意见（试行）	富阳区人民检察院	富检发〔2022〕35号
21	关于做好耕地占用税部门协作和信息交换工作的实施意见（试行）	桐庐县人民检察院	桐检发〔2022〕8号
22	桐庐县人民检察院关于"三查融合"促进检察一体化工作的实施意见	桐庐县人民检察院	桐检发〔2022〕10号
23	关于加强"大综合一体化"行政执法与行政检察协作配合的实施意见	桐庐县人民检察院	桐检发〔2022〕24号
24	关于建设工程领域保障农民工工资问题协作配合会议纪要	桐庐县人民检察院	桐检发〔2022〕41号
25	关于规范开展刑拘下行案件数字化监督工作的实施意见（试行）	淳安县人民检察院	淳检发〔2022〕27号
26	建德市人民检察院数字检察监督办理规程（试行）	建德市人民检察院	建检发〔2022〕11号